Gallery Books
General editor: Peter Fallon

POEMS AND A PLAY IN IRISH

Brendan Behan

Poems and a Play in Irish

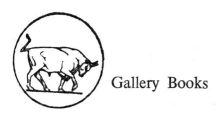 Gallery Books

Poems and a Play in Irish
is first published
simultaneously in
paperback and in a
clothbound edition
in December 1981.

The Gallery Press
19 Oakdown Road
Dublin 14. Ireland.

Cover drawing by Beatrice Behan

ISBN 904011 15 1 (paper)
904011 14 3 (cloth)

The Gallery Press acknowledges gratefully the help of Beatrice
Behan in the preparation of this book.

Contents

INTRODUCTION

Brendan Behan was born in Dublin in 1923. By 1940 the young rebel was behind British bars for his activities in the cause of Irish republicanism. The effect of prison on Behan was to weaken rather than strengthen his political commitment and to leave him with an abiding distrust of all political passions. He often recalled that the worst feature of his later sojourns in Irish jails was not the loss of liberty nor the cruelty of warders, but simply 'the other Irish patriots in along with you'. His plays and poems offer, in consequence, a sharp critique of idealism, a critique which often comes perilously close to downright nihilism. That Behan never quite lapses into utter despair is due in great measure to the fact that his political pessimism is tempered by a growing cultural commitment to Gaelic Ireland. In all of the poetry and most of the plays, Behan sought not so much to repudiate the early nationalist conviction as to translate it into cultural rather than merely political terms. He abandoned the tradition of the fight in order to examine just what kind of an Ireland he had been fighting for. In the process he came to endorse Douglas Hyde's doctrine that 'politics' do not equate with 'nationality'. Like Hyde he came to the realization that successive Irish political leaders had so exalted the fight against England into a self-sustaining tradition that they had imperceptibly abandoned those very things which made Ireland worth fighting for—a native language and literature, music and dance, an entire culture. By 1942, when he began a second term of imprisonment (this time in an Irish jail), Behan resolved to repossess that heritage.

In Mountjoy Jail he soon met Seán Ó Briain, a schoolmaster from Ballyferriter in the Kerry Gaeltacht. He taught the young Dubliner Irish and told him of the life of the western islanders, of a proud and defiant people. So, when Behan was placed in continuing detention at the Curragh internment camp, he embarked on a serious study of the Irish language under the guidance of Máirtín Ó Cadhain. Soon he was translating passages of *Finnegans Wake* into Irish and preparing a Gaelic version of his early play entitled *The Landlady*. He sent this work to Éarnán de Blaghd at the Abbey Theatre, but it was rejected on the grounds that its author still lacked a mastery of stage technique. Nothing daunted, Behan persisted in his literary efforts and was soon to win the respect of Máirtín Ó Cadhain as one of the few important poets in the contemporary Irish language. Some of his earliest poems were written in jail, others in the years following his release in the winter of

1946-7. Many of the poems first appeared in the monthly journal *Comhar,* where their socialist message and modernist perspective offered a new intellectual challenge to a traditionalist Gaelic readership.

From this handful of poems a definite pattern emerges. All take death as a major theme, but the poet asserts that 'death shall have no dominion'. Wilde dies in disgrace, but the Virgin comes to light his way to peace; Larkin dies, but Dubliners rejoice in the self-respect he gave them; the Blaskets fall but Ballyferriter lives on. Always there is a sense of private triumph in the face of public failure, of spiritual victory in the face of physical defeat. This is also the burden of *An Giall,* a play written in response to the request of Gael-Linn and performed on the tiny stage at *An Damer* on Blooms-day 1958. Critics and playgoers alike were astounded that a playwright who had just won international acclaim for *The Quare Fellow* should revert to his native language and the more frugal rewards of a pocket theatre. Behan explained that 'Irish is more direct than English, more bitter—it's a muscular fine thing, the most expressive language in Europe'. Irish seemed to answer the needs of his deepest self. It is noteworthy that even in *The Quare Fellow,* at the climactic moment when the prisoner is hanged, a young Gaeltacht boy steps forward and turns from English to Irish as he sings 'Is é fáth mo bhuartha'. With its satire on puritanical nationalists, *An Giall* was a refreshingly new kind of play in a language which has produced little drama of lasting worth. Its unashamed experimentalism and expressionist sequences proved that a Gaelic Modernism had belatedly arrived. After a quiet but sure success in Dublin, Behan was invited to rewrite the work in English for Joan Littlewood's theatre in London. What happened next is still hotly debated. Most commentators argue that Behan never really rewrote his own play, but ceded it to Littlewood's company who teased it into a shape calculated to appeal to a fashionable London audience. It is alleged that *An Giall,* an austere and moving tragedy became something very different, *The Hostage,* a music-hall variety show complete with references to Profumo, Macmillan, and Jayne Mansfield. The playwright's brother Brian sat beside Brendan on the opening night and noticed that the cascades of applause seemed merely to convince the 'author' that he had been converted into the latest stage Irishman. It is only fair to add, however, that Joan Littlewood has had eloquent defenders who argue that without her Behan would have achieved little as a dramatist. Moreover, her beliefs in improvisational theatre, topical references and audience involvement were all endorsed by Behan.

Nobody will ever know to what extent the received text of *The Hostage* represents the implementation of Behan's own intentions. Against Wolf Mankowitz's allegation that he was 'pissed out of his mind when half the changes were made' must be set the important testimony of Behan himself on the matter:

> I saw the rehearsals of *An Giall* and while I admire the producer, Frank Dermody, tremendously, his idea of a play is not my idea of a play. He's of the school of Abbey Theatre naturalism, of which I'm not a pupil. Joan Littlewood, I found, suited my requirements exactly. She has the same views on the theatre that I have, which is that the music-hall is the thing to aim at in order to amuse people and any time they get bored divert them with a song or a dance . . . I've always thought that T. S. Eliot wasn't far wrong when he said that the main problem of the dramatist today was to keep his audience amused; and that while they were laughing their heads off, you could be up to any bloody thing behind their backs—and it was what you were doing behind their bloody backs that made your play great.

If that is true, then *The Hostage* rather than *An Giall* may be the definitive version of the play. Nevertheless, critics as diverse as Ulick O'Connor and Richard Wall have argued for the integrity of the original Irish text. The publication of this text for the first time in book form allows a wider public to make its own judgement. Only when the Gaelic version has been as widely performed as *The Hostage* can such an assessment be made, but the availability of the text at a reasonable price to amateur dramatic companies now makes that possible. Beatrice Behan, Peter Fallon and Proinsias Ní Dhorchaí are to be thanked for their parts in the publication of the neglected works of an important Irish writer.

Declan Kiberd

The Poems

Filleadh Mhic Eachaidh

A Phádraig, a chara, an gcluin tú na gártha?
Ar chualais an mhaorgacht, an siosma is an gleo?
Ar chualais mar a tháinig go hUlaidh an garda
Go láidir ina dtáinte, go tréan ar an ród?
Bhí píopa is gunnaí á láimhseáil go scléipeach
Na spéartha go soilseach, na héin faoi láncheol,
Ag fáiltiú Mhic Eachaidh ar ais chuig an Tuaisceart
—Mar sa deireadh is treise an bród ná an brón.

Cheapas ar dtús gur shochraid a bhí ar siúl acu
Gur phíopa ag caoineadh a bhí ag osnaíl go géar,
Is na gunnaí—do cheapas gur bhuartha a nguth leis:
Ach is cosúil le buíon mhór chaithréimeach Uí Néill
Ar a fhilleadh ón bPáil is an Gall faoi chrá fágtha—
An Gael go gealmheidhreach is an chreach faoi lán seoil—
Fáiltiú Mhic Eachaidh ar ais chuig an Tuaisceart
—Mar sa deireadh is treise an bród ná an brón.

Inniu beidh an turas go Baile an Mhuilinn
A mhuintir ina thimpeall, na mílte in ómós,
Is geall le turas taoisigh sheanaimsir ár saoirse
A shlí go réidh ríoga mall maorga tríd an slógh:
Na Fianna, ógthacaí dil Phoblacht na hÉireann,
Saighdiúirí na tíre idir fhir agus mhná,
Cailíní beaga na gculaithe geala Gaelacha—
Buíon cheoil ag seinm agus móriompar brat—
Beidh na mílte go humhal ag leanúint a chónra,
Gealtaisce na hÉireann, croí dílis an leoin
Ag fáiltiú Mhic Eachaidh ar ais chuig an Tuaisceart
—Mar sa deireadh is treise a bhás ná a gcumhacht.

Cailleadh Seán Mac Eachaid ar stailc ocrais, i bpríosún Phort Laoise, 1946.
Tugadh a chorp ar ais go Béal Feirste.

Jim Larkin

Ba mise é! Ba gach mac máthar againn é!
Sinn féin. Láidir. Mar ab áil linn a bheith,
   Mar ab eol dúinn a bheith.
Eisean ag bagairt troda is ag bronnadh fuascailte—
Is sinne ag leanúint a chónra trí chlabbhéal na cathrach
   I mbéiceacha móra feirge.

Ag leanúint a chónra trí chlab na cathrach aréir
An sinne a bhí sa chónra?
Níorbh ea: bhíomar sa tsráid ag máirseáil
Beo, buíoch don mharbh.

Aithrí

In am seo an uafáis is mé ar leaba
Sínte, anuas ar lomchlár caol,
Mo chomharsana is mo chairde thart ina seasamh
Is go lag i mo chluas a gcogar séimh;
In am seo an angair, a Mhuire Mháthair,
Gan foscadh i ndán dom is m'anam saor,
Go raibh greim tharrthála do láimhe ar mo lámhsa
Ar thuras an támhchreatha go láthair Dé.

Siúd é an t-am a mbeidh an smaoineamh céasta
Ag únfairt go cráite taobh thiar de mo shúil,
Is leanfaidh go traochta an chuimhne ghéargheal
Ag léiriú béasa mo shláinte ina cuairt—
Ag glaoch ar pheacaí mar sháirsint airm
Ag gluaiseacht garda in aghaidh mo ghuí—
A Mhuire Mháthair, ná raibh mé fágtha
Gan neart do ghrásta á gcosc, mar sciath.

Is geall iad mo pheacaí le conairt chraosach,
Is í an chuimhne adharc a ngéimneach chugam,
An bás ar chapall, tar éis chúrsa mo shaoil-se,
Na blianta ina gclaímhte slán ar a chúl—
Is mise ar talamh, m'anáil ar taoscadh,
Caillte, cró-allas críoch sheilge ar mo ghrua,
Ag creathadh faoi dheargshúile con is a mbéicíl—
A Mhaighdean, ná diúltaigh áit shlán faoi do thrua.

Carcair Strangeways, Manchain, Iúil 1947

15

Do Bhev

Lá amháin gréine do chonac an spéirbhean,
A clóca is a hata is a gún sa mhodh,
Gach rud ornáideach, costasúil, san fhaisean
Ó chleite a cinn go dtí búclaí a bróg.

Níos fearr ná a gléasadh, bhí gáire ar a beola,
Dealramh ríshásta agus gile ina súil:
'Marbhfháisc ar an ngrá', ar sise i nguth ceolmhar,
'B'fhearr liomsa mo sheanfhear is breá-éadaí nua.

'Níl aon ní in easnamh ná gátar ná easpa,
Ach gach rud is maith liom is rachmas dá réir,
Más aosta mo chéile, níl teorainn lena fhéile
Ar eagla go gcaillfeadh sé teideal ar mo bhéal!

'Mo cheol thú, an tsaint is an gliceas chun cleamhnais,
Is mise ag glaoch ar chéadnótaí is ar ór,
Gan blas searbh riamh agam ar an gcaolchuid,
Ach gairm ar thogha gach bia agus óil.

'Is é barr mo chuid áthais, nach bhfuil éinne a mhairfidh—
Dá mba dheartháir an diabhail féin é—níos faide ná an céad,
Agus idir dhá linn, cá mór daoibh an fhuinneog
Ar oscailt sa chistin is an dóras ar théad?'

Cathair Dhomhnaill

16

Jackeen ag Caoineadh na mBlascaod

Do Sheán Ó Briain as Baile an Fheirtéaraigh

Beidh an fharraige mhór faoi luí gréine mar ghloine,
Gan bád faoi sheol ná comhartha beo ó dhuine
Ach an t-iolar órga deireanach thuas ar imeall
An domhain, thar an mBlascaod uaigneach luite . . .

An ghrian ina luí is scáth na hoíche á scaipeadh
Ar ardú ré is í ag taitneamh i bhfuacht trí scamaill,
A méara loma sínte síos ar thalamh
Ar thithe scriosta briste, truamhar folamh . . .

Faoi thost ach cleití na n-éan ag cuimilt thar tonna
Buíoch as a bheith fillte, ceann i mbrollach faoi shonas,
Séideadh na gaoithe ag luascadh go bog leathdhorais
Is an teallach fuar fliuch, gan tine, gan teas, gan chosaint.

Mountjoy, Lúnasa 1948

Comhphríosúnach poblachtánach leis an mBeachánach ba ea Seán Ó Briain. Mhúin sé Gaeilge don Bhaile Átha Cliathach óg agus thug tuiscint dó ar shaoith-iúlacht na Gaeltachta.

Buíochas le Joyce

Anseo i *Rue Saint André des Arts*
I dtábhairne Arabach, ólta,
Míním do Fhrancach fiosrach thú
Do *ex-G.I.'s* is do Rúiseach ólta.
Molaim gach comhartha dár chuiris ar phár
Is mise sa Fhrainc ag ól *Pernod* dá bharr,
Maidir le *conteur,* is bródúil sinn asat
Is buíoch den *Calvados* ólaimid tríot.

Dá mba mise tusa
Is tusa mé féin
Ag teacht ó *Les Halles*
Is ag iompar an méid seo *cognac*
Ag seinm ar lánbholg
Scríobhfása véarsa nó dhó do mo mholadh!

Quartier Latin, 1949

L'Existentialisme

Macalla Saint Germaine-de-Près

A fhir faire atá ag siúl falla
forignimh fholaimh,
cad é cúrsa na seilge?
Cúis reilige?
Turas go hIfreann?
Ní foláir é. Ach céard faoi d'intinn?
Cad a bhí ann romhainn?
Ní fios. Ní rabhas beo,
nílim fós.
Olc ár gcinniúint?
Róleisciúil
chun freagra a thabhairt.
Maitheas, níl a dhath,
ná ciall, ná pian, fiú amháin,
ná an fhírinne i m'abairt,
— ná ina mhalairt.

Oscar Wilde

Do Sheán Ó Súilleabháin

Tar éis gach gleo
a chuir sé as beo
le teann anfa,
seo sínte sa chlapsholas
corpán na beochta
balbh sa dorchadas.

Faoi thost, ach coinnle
an tórraimh ina lasracha.

A cholainn sheang
is a shúil go daingean iata
i seomra fuar lom,
is an *concierge* spídiúil
faoin iomarca freastail
ar phótaire iasachta
a d'imigh gan *service*
an deich faoin gcéad íochta.

Aistrithe ón *Flore*
go fásach na naofachta,
ógphrionsa na bpeacach
ina shearbhán aosta,
seoid órga na drúise
ina dhiaidh aige fágtha
gan *Pernod* ina chabhair aige
ach uisce na cráifeachta;
ógrí na háilleachta
ina Narcissus briste
ach réalta na glan-Mhaighdine
ina ga ar an uisce.

Ceangal
Dá aoibhne bealach an pheacaigh
is mairg bás gan bheannacht;
mo ghraidhin thú, a Oscair,
bhí sé agat gach bealach!

Quartier Latin, 1949

Sráid Grafton

Chonac aréir na beo
Ar oileán na marbh,
Chuala caint in áit
Atá coiscricthe don bhalbh.

Guaille móra bréige
Ar a cóta gorm,
B'fhearr liom i bhfad
Ná báinín 'peaidí' uimpi.*

Shampoo ina folt órga
Max Factor ar a leiceann,
Ina guth tá gáire na hóige—
Ní mar sin do Bhríd na heitinne.

Cogar mar is cóir
Faoin ngrá, i dtír na seirbhe,
Sula dtéann siad isteach
Chun damhsa san *Classic*.

*Bunleagan lochtach: 'Ná báinín pead 'na goile'.

Uaigneas

Blas sméara dubha
tar éis báistí
ar bharr an tsléibhe.

I dtost an phríosúin
feadaíl fhuar na traenach.

Cogar gháire beirt leannán
don aonarán.

Loneliness

The tang of blackberries
wet with rain
on the hilltop.

In the silence of the prison
the clear whistle of the train.

The happy whisperings of lovers
to the lonely one.

Teacht an Earraigh

A gheimhridh ghairbh Ghaelaigh
Is fuath liom do ghnúis!
Tagann an ghaoth aduaidh:
Creathanna cráite crua
Gan fás gan fónamh
Gan beatha ná beocht
Go lá bán Bhríde
—Aiséirí spleodair!

Tagann an ghaoth aneas:
Geall gréine do mo cholainn
Saol úr do mo spreagadh
Múscailt na fola.

Aimsir gheimhridh
Séasúr seanórach;
Fáilte agus fiche romhat,
A earraigh na hóige!

Guí an Rannaire

Dá bhfeicfinn fear fásta as Gaeilge líofa
Ag cur síos go sibhialta ar nithe is ar dhaoine,
Ar mheon is ar thuairimí i ráite an lae seo
Soibealta sómhar soicheallach saolta,
Bheinn an-sásta a theagasc a éisteacht:
    File fiáin fearúil feadánach,
    Bard beo bíogach bríomhar bastallach,
    Pianta paiseanta peannphágánach.

Arú, mo chreach, cad é an fhírinne?
    Státseirbhísigh ó Chorca Dhuibhne
    Bobarúin eile ó chladaigh Thír Chonaill
    Is ó phortaigh na Gaillimhe, mar bharr ar an donas!
    Gaeil Bhleá Cliath faoi órchnap Fáinní,
    Pioneers páistiúla pollta piteánta,
    Maighdeana malla maola marbhánta,
    Gach duine acu críochnúil cúramach cráifeach.

Dá dtiocfadh file ag séideadh gríosaí,
Rachainn abhaile, mo ghnó agam críochnaithe.

An Giall

Dráma Trí Ghníomh

Foireann an dráma

Pádraig, 60 bliain d'aois, ar leathchos
Cáit, 38 bliain d'aois
Treasa, 18 bliain d'aois
Monsúr, 70 bliain d'aois
Leslie, Saighdiúir (An Giall), 18 bliain d'aois
An tOifigeach, 26 bliain d'aois
An tÓglach, 24 bliain d'aois
An 'Bray Harrier', 55 bliain d'aois
Beirt Óglach eile—ní labhraíonn siad

Sula n-ardaítear an brat cloistear drumaí á mbualadh. Ansin cloistear na píopa, leis, ag seinm Bláthanna na Foraoise.
Nuair a ardaítear an brat cuirtear críoch le bualadh na ndrumaí ach leantar le ceol na bpíob.
Ar ardú an bhrait feicimid seomra leapa i sean-phlódtheach i mBaile Átha Cliath. Tá PÁDRAIG *agus* CÁIT *ag caint.*

PÁDRAIG   Tá Monsúr ag cleachtadh a chuid ceoil, ag déanamh réidh chun an buachaill sin i bPríosún Bhéal Feirste a chaoineadh nuair a chrochfar é.

CÁIT   Má chrochtar é.

PÁDRAIG   Níl aon 'má' ann. Crochfar chomh hard leis an mBusáras é.

CÁIT   Maise, tá Dia láidir agus Máthair mhaith aige.

PÁDRAIG   Bhuel, láidir nó maith, lag nó olc, nach deas an chaoi é seo? Tá sé dona go leor ag Monsúr, an seanamadán, a bheith gan chlog, ach ceapaim nach bhfuil féilire aige ach an oiread. Tá a fhios againn nach mbíonn a fhios aige cén uair den lá a bhíonn ann, ná cén lá den tseachtain a bhíonn ann, is tá mé beagnach cinnte nach mbíonn a fhios aige cén mhí den bhliain a bhíonn ann. Ach ba chóir go mbeadh a fhios aige gur míle naoi gcéad caoga is a hocht atá ann, is go bhfuil aimsir na laoch, míle naoi gcéad déag is fiche, thart. Thart fadó. Is go bhfuil Óglaigh na hÉireann agus Cogadh na Saoirse chomh marbh le . . . chomh marbh leis an Charleston. Dia ár réiteach, tá sé dona go leor a bheith i bhfeighil síbín agus teach meirdreachais, gan a bheith ag réiteach beairice d'Arm Phoblachta Éireann, mar ea! An bhfuil an seomra seo réidh anois agaibh?

Deireadh le ceol na bpíob.

CÁIT   I dtosach báire agus ar an gcéad dul síos, beidh mé buíoch díotsa ach do chuid cainte a choinneáil agat féin mar gheall ar shíbíní agus tithe meirdreachais. Ní haon mheirdreach mise!

PÁDRAIG   Cén fáth? An bhfuil tú tar éis do chárta a chailliúint?

29

CÁIT	Bhuel, más meirdreach mé, ní miste leatsa an chuid is mó de mo chuid airgid a ghlacadh uaim.
PÁDRAIG	Nach mise d'fhear céile? Is nach fear bocht bacach mé a chaill a chos ag troid ar son na hÉireann ar pháirc an áir, trí mhíle taobh amuigh de Bhaile Mhuillinn gCearr? Is an gceapfá go bhféadfaimis maireachtáil ar an méid a fhaighimid ó Mhonsúr? (*Doicheall tagtha ina chuid cainte.*) Bí cinnte go dtéann tú amach díreach nuair a thagann an bheirt fheirmeoir úd. Is ná fan leath na hoíche ag cur púdair ar do smig, is an bheirt fhear amuigh is a gcuid airgid á chur amú ar an teacsaí.

Fuaim na bpíob arís, ach tá Ó Dónaill Abú á sheinm anois.

CÁIT	Seo chugainn Monsúr anois.
PÁDRAIG	(*Cuireann sé a dhá lámh lena chluasa*) Airím é! A Chríost, nach bhfuilim bodhar aige!

Isteach le MONSÚR. *Tá filleadh beag á chaitheamh aige agus a chuid píob faoina ascaill aige. Séideann sé nóta fada deireanach ar an bpíb.*

MONSÚR	Dia daoibh.
PÁDRAIG	(*Seasann sé 'ar aire' mar sheansaighdiúir*) A cheannfoirt!
MONSÚR	(*Déanann sé cúirtéis*) Mar a bhís. (*Sméideann sé a chloigeann i dtreo* CHÁIT.)
PÁDRAIG	(*Le* CÁIT) Gabh amach ansin agus bí ag scuabadh na staighrí. (*Tuigeann sí an nod agus imíonn sí.*) Bhuel, tá gach uile shórt réidh, agus tá an seomra seo glanta amach againn.
MONSÚR	Go maith, go maith. Beidh na trúpaí ag teacht go luath anois.
PÁDRAIG	Na trúpaí? A dheabhail! Cé mhéid acu atá ag teacht?
MONSÚR	Ní bheidh ach an bheirt gharda is dócha—agus an príosúnach.
PÁDRAIG	An príosúnach?
MONSÚR	Sea, an príosúnach. B'fhéidir nach bhfuil ach an t-aon phríosúnach amháin againn fós, ach is maith an tús é. Tosach maith, sin leath na hoibre. Is i

ndiaidh a chéile a tógadh na caisleáin. Saighdiúir Sasanach atá ann. Duine amháin. Ach níl ansin ach an tús. Beidh na scataí acu inár lámha againn sul i bhfad.

PÁDRAIG   (*Leis féin*) Tá súil agam nach mbeidh siad uile ag teacht anseo.

MONSÚR   Gabhaim pardún agat?

PÁDRAIG   Tá an scéal sin go hiontach, a deirim, go bhfuil na buachaillí ag éirí amach arís.

MONSÚR   Tá sé go hiontach.

Tógann sé na píopa arís agus séideann sé isteach sa bhéalóg, ag cur tús leis an bport, Ó Dónaill Abú. *Seolann sé amach an doras ar dheis agus na píopa ar lánséideadh aige. Tagann* CÁIT *isteach is seasann sí sa doras ag breathnú na staighrí anuas i ndiaidh* MONSÚR *agus a chuid píobaireachta ag dul in ísle thíos. Dúnann sí an doras, agus breathnaíonn sí go hamhrasach ar* PHRÁDRAIG.

PÁDRAIG   Bhí mé ag smaoineamh ar ball go mbeadh sé dona go leor beairic d'Arm Phoblachta Éireann a dhéanamh den áit, ach tá an scéal níos measa fós anois! Tá siad chun Teach Gloine a dhéanamh de. Sórt Arbour Hill dá gcuid féin.

CÁIT   Ba chóir go mbeadh bród ort dídean agus foscadh a thabhairt dóibh siúd atá ag troid ar son na hÉireann. Go mór mór agus an buachaill bocht sin a bheith ag gabháil chun a bháis ar a hocht a chlog maidin amárach i bPríosún Bhéal Feirste.

PÁDRAIG   Nach tusa atá spleodrach anois mar gheall ar Éireann? Níl a fhios agam cá rabhais i naoi déag is a sé déag nuair a bhí an troid ar siúl i ndáiríre.

CÁIT   Níor rugadh go dtí naoi déag is a fiche mé.

PÁDRAIG   (*A dhá lámh á chaitheamh in airde aige*) Leithscéalta! Leithscéalta! Na leithscéalta i gcónaí. (*Ag monabhar leis féin*) Tá a ndóthain geab acu, agus a ndá dhóthain buailim sciath acu, dhá scór bliain i ndiaidh na troda dáiríre. (*Buaileann sé a mhaide láimhe ar an urlár.*) A leithéid de Jeaicíní beaga bídeacha ag gabháil thart ina gcuid cótaí gearra glasa agus ina gcuid bróga móra lena gcuid gunnaí Bren agus a gcuid gunnaí Sten. (*Ag caint leis féin, is cosúil*) Cá raibh siad nuair a bhí troid dháiríre ar siúl?

CÁIT Dhera, tá cuid de na leaideanna úd agus níor rugadh go dtí tríocha is a hocht nó tríocha is a naoi iad. An fear óg a bhí in éineacht le Monsúr inné, ní fhéadfadh seisean a bheith níos mó ná fiche, agus tá sé ina oifigeach déarfainn.

PÁDRAIG (*Tá sé an-righin*) Conas sa deabhal a bhí a fhios agatsa gur oifigeach é? É? É?

CÁIT In ainm Dé, ná bain an cloigeann díom! Ní raibh mé ach ——

PÁDRAIG (*Fearg ag teacht air*) Ní raibh tú ach—ach ag éisteacht taobh amuigh den doras leis an bhfear óg sin agus Monsúr ag caint. Nach in é é? Nach é?

CÁIT Ní hé! Ní hé! Dar mo bhriathar, a Phádraig! (*Faitíos ag teacht uirthi*.) Níor dhein mé ach an t-oifig—an fear óg a ligean isteach agus Monsúr a fháil dó, agus d'fhág mé sa pharlús iad, agus iad ag caint lena chéile.

PÁDRAIG Is tú féin sa halla taobh amuigh, ag éisteacht, is dóigh.

CÁIT Ní hea, a Phádraig, ní hea. Chuaigh mé go dtí an chistin chun cabhrú le Treasa.

PÁDRAIG Cén chaoi a raibh a fhios agat gur oifigeach é an fear óg, más ea?

CÁIT Arú!, ní raibh a fhios agam dada mar gheall air, ach ní dóigh liom go gcuirfidís gnáthshaighdiúir singil ar theachtaireacht chuig Monsúr. Fear mór tábhachtach sa ghluaiseacht.

PÁDRAIG Conas atá a fhios agatsa gur fear mór tábhachtach sa ghluaiseacht é Monsúr?

CÁIT Dhera, nach mbíonn tú féin ag insint agus ag síorinsint do chuid scéalta mar gheall ar an am a bhí sibh sna hÓglaigh: Monsúr ar mhuin a chapaill bháine, amach chun tosaigh ar an reisimint, is crois chéasta Chríost ina láimh dheas in airde aige agus é ag treorú a chuid saighdiúirí chun catha ar nós Brian Bóirmhe ag Cluain Tarbh? Nach tú féin a bhí ag insint mar gheall ar Mhonsúr a bheith ina Chorporal thíos i gCorcaigh?

PÁDRAIG Ní raibh sé ina chorporal, ach ina ghinearál.

CÁIT Dhera, nach cuma ginearál, corporal nó admiral. Bhí sé ina 'ral ach go háirithe.

PÁDRAIG Ach níorbh é Corcaigh an áit ar chor ar bith ach
Muileann gCearr. An áit ar chaill mé mo chos le
linn Chogadh na gCarad.

CÁIT Más é sin an sórt cogaidh ar a dtugann sibh Cogadh
na gCarad níor mhaith liom Cogadh na Namhad
a fheiceáil! Tar éis a ndearna siad ar do chos dheas
bhocht.

PÁDRAIG (*Ag bualadh a choise clé adhmaid lena mhaide
láimhe*) Ní hí mo chos dheas í ar chor ar bith, ach
mo chos chlé! Nach n-aithníonn tú deas ó chlé?
Nach bhfuil tú in ann Fíor na Croise a dhéanamh
ort féin?

CÁIT Tá, gan amhras; ach ní dhéanaim le mo chois é.

PÁDRAIG Ó, is cuma faoi mo chois, deas nó clé. Cailleadh fir
mhaithe ar an dá thaobh. Trodairí fíormhaithe.
Éagsúil leis an dream Jeaicíní atá ag gabháil thart
an lá atá inniu ann. (*Leis féin, beagnach, ag cuimh-
neamh ar sheanghaiscíocht*) Bhí an cath ar siúl go
huafásach fíochmhar, trí lá gan sos. Muid féin agus
Briogáid Iarthar Luimnigh. Meaisínghunnaí Lewis,
fo-mheaisínghunnaí Thompson, pléascáin mhóra,
pléascáin láimhe, gunnáin agus raidhfilí. An baile
ar deargloisceadh agus na mairbh ar an mbóthar.

CÁIT Dúirt tú liom cheana nár maraíodh ach an t-aon
fhear amháin. Suirbhéir Chontae na hIarmhí. Fear
nach raibh ag cur puinn suime in aon duine beo
ach é ag iniúchadh an bhóthair. Nár inis tú dom gur
ghlac an dá thaobh chucu féin é tar éis an chogaidh
agus gur thóg siad dhá chrois chuimhneacháin dó,
crois amháin ar thaobh amháin den bhóthar agus
an chrois eile ar an taobh eile?

PÁDRAIG Is cuma leatsa céard a dúirt mé.

CÁIT Sin é an scéal a bhíonn agatsa agus tú ar meisce ach
go háirithe. Ach, cosúil le mórchuid fear de chuid
na tíre seo, sin an t-aon uair amháin a mbíonn an
fhírinne á labhairt agat.

PÁDRAIG Chailleasa mo chos. Agus níl sé de cheart ar bith
ag na spriosánaigh sin, dhá scór bliain i ndiaidh
na troda, a bheith ag gabháil thart ag tabhairt ainm
shean-Óglaigh na hÉireann orthu féin, ag dul suas
chun na Teorainne agus . . .

CÁIT Arú, nach bhfuil cead a gcos acu—a gcuid cos—
deas nó clé, a fhágáil thuas ar an Teorainn chomh

maith leatsa a d'fhág do chos ar an taobh seo den Mhuileann gCearr? Anois, agus tú ag druidim le haois, tú buailte amach is gan aon spórt fágtha ionat, an mór leat dóibh é a gcuid druileála agus a gcuid geaitsí a bheith acu, agus a gcuid croiseanna céasta a bheith acu, agus a gcuid ginearál agus capall bán a bheith acu chomh maith leatsa? Nach raibh tú féin óg tráth de do shaol?

PÁDRAIG (*Iompaíonn sé chun an lucht féachana agus cuireann sé a dhá lámh suas lena éadan; ligeann sé osna*) Éist léi! Éist léi! Cheapfá gur i ndráma le Seán Ó Cathasaigh a bhíomar. An bhfuil tú ag iarraidh an spriosáinín óg a bhí anseo inné a chur i gcomórtas le fíorshaighdiúir cosúil le Monsúr?

CÁIT Nach mbíonn tú féin i gcónaí ag rá liom go bhfuil sé as a mheabhair?

PÁDRAIG Ní raibh sé as a mheabhair i gcónaí. (*Ag cuimhneamh*) Ní raibh sé as a mheabhair an chéad uair a bhfaca mise é, ná geall leis, bail ó Dhia air.

CÁIT Áiméin. Céard a chuir as a mheabhair é, más ea?

PÁDRAIG An Conradh.

CÁIT An Conradh? Cén Conradh? Conradh na Gaeilge? Dheara, chuirfeadh an dream sin duine ar bith as a mheabhair!

PÁDRAIG Conradh fiche is a haon.

CÁIT Ó, an pholaitíocht. Cad chuige nach raibh sibh in ann buntáiste éigin a fháil as in ionad a bheith ag cailliúint bhur gcos is bhur gcuid meabhrach?

PÁDRAIG Bhí Monsúr dáiríre. Daingean dáiríre. Fear macánta é. Tá a fhios agat gur Sasanach é, ar ndóigh?

CÁIT Sasanach? Monsúr ina Shasanach? Agus é ag gabháil thart ina fhilleadh beag agus píob mhór Ghaelach faoina ascaill aige? Sasanach?

PÁDRAIG Sea, sea, sea. Sasanach. Sasanach ó dhúchas. Rugadh i Sasana é. Bhí a athair ina easpag.

CÁIT A athair ina easpag! Mo náire thú! Éist anois. Nílimse róthugtha don bhéalchráifeacht ach ní fhanfaidh mé anseo ag éisteach lena leithéid sin de chaint. 'A athair ina easpag'!

PÁDRAIG (*Go mífhoighneach*) Easpag Protastúnach ba ea é.

CÁIT Ó, bhuel.

PÁDRAIG Cuireadh chuig Coláiste mór i Sasana é. Bhí Monsúr,

	agus é ina dhalta scoile, in aon seomra amháin le mac Rí Shasana . . .
CÁIT	Maise, ní chuirfeadh sé iontas orm é a bheith in aon leaba amháin leis, tar éis dá athair a bheith ina easpag!
PÁDRAIG	Ina dhiaidh sin, chuaigh sé go Coláiste mór Oxford in éineacht le huaisle móra na tíre . . . tiarnaí, agus iarlaí agus prionsaí.
CÁIT	In aon seomra codlata amháin a bhí siad uile, is dócha?
PÁDRAIG	(*Ní thugann sé aon aird uirthi*) Bhí Monsúr ina fhear mór uasal i Londain agus saibhreas is gach uile mhaith aige go dtí go bhfuair sé amach gur Éireannach é.
CÁIT	A Dhia! Nach bhfuil tú tar éis a rá liom gur Sasanach é?
PÁDRAIG	Thosaigh sé ag plé le Gaeilge agus le rincí Gaelacha agus le hiománaíocht ar Chlapham Common, agus i ndeireadh na dála dhíol sé a raibh ina sheilbh i Sasana aige agus tháinig sé anseo go hÉirinn.
CÁIT	Mar Aesop sna leabhair scoile!
PÁDRAIG	Chuaigh sé isteach sna hÓglaigh agus throid sé san Éirí Amach. Bhí mé féin i m'Óglach sa Dara Cath an uair sin. I gCampa Frongoch a casadh ar a chéile muid. Nuair a thángamar amach, bhí sé ina cheannfort ar an gCath agus bhí mise i mo chaptean ar Chomplacht 'A'. (*Fuaimníonn sé mar 'ea' é.*)
CÁIT	Ea?
PÁDRAIG	Sea. 'A'.
CÁIT	Arú! An Captaen Pádraig. Nach deas é sin?
PÁDRAIG	Céard atá cearr leis sin?
CÁIT	Faic, a Phádraig. Ní raibh mé ach ag smaoineamh gur dheas an rud é tú a bheith i do Chaptaen. Maise, Dia leis an seanaimsir. Ach cad a tharla do Mhonsúr ansin? Is iontach an scéal é. Tá sé níos fearr ná an clár teilifisé a chonaiceamar sa teach ósta—'Seo scéal do bheatha'.
PÁDRAIG	Bhuel, bhíomar ag troid ar feadh bliana ina dhiaidh sin go dtí gur tháinig an Sos Cogaidh i mí Iúil, fiche is a haon. Ag troid go trom is go fíochmhar. Agus is iomaí fear maith a chailleamar. Ach bhí an bua sa deireadh againn, go dtí gur síníodh an Conradh damanta sin thall i Londain. Dhíol na

feallairí na Sé Chontae agus cuireadh iachall ar Éireannaigh móid umhlaíochta a thabhairt do Rí Shasana.

CÁIT Níl a fhios agam mar gheall ar na Sé Chontae ach níor mhiste leatsa, mheasfainn, móid ar bith a thabhairt, mar gheall ar rud ar bith.

PÁDRAIG (*Níl sé ag éisteach léi*) Chuamar amach ag troid arís agus briseadh orainn. Bhí Monsúr dílis don Phoblacht agus bhí mé féin dílis do Mhonsúr i gcónaí. Bhí an seanteach —

CÁIT An áit seo—An Poll?

PÁDRAIG Sea, an Poll. Agus poll maith folaithe ba ea é do na scórtha fear maith an t-am úd. Agus arís in aimsir De Valera le linn an chogaidh mhóir dheireanaigh. Ach le deich mbliana anuas ní rabhamar in ann aon sórt cíosa a fháil as. Níl a fhios ag Monsúr é sin.

CÁIT Cén sórt ainm é 'Monsúr', a Phádraig? An ainm Sasanach é?

PÁDRAIG Maise, ní hea, ach sórt Fraincise. Nuair a tháinig Monsúr go hÉirinn ar dtús, bhí gluaiseacht na Gaeilge faoi réim. Mná móra na gluaiseachta, ní ghlacfaidís leis an teideal 'Missus', beag ná mór. Bhí 'Missus' gallda, agus an focal Gaeilge 'bean', bhí sé sin róchomónta. Bhí siad Gaelach, ach ní raibh siad chomh Gaelach sin. I ndeireadh na dála, thug siad 'Madame' seo agus 'Madame' siúd orthu féin. Ní raibh 'Madame' gallda agus ní raibh sé chomh comónta sin. Bhuel, áit a mbíonn 'Madame' bíonn Monsúr. Is é sin an Fhraincis ar 'Mister'.

CÁIT Tuigim.

PÁDRAIG Bhuel, i ndeireadh na dála, ní rabhamar ag fáil pingin rua as an teach agus b'éigean dom gadaithe, striapaigh agus gach uile shórt coirpeach a ligean isteach ann. (*Tá* CÁIT *ag breathnú air agus díomá uirthi faoina bhfuil á rá aige. Ach níl* PÁDRAIG *ag tabhairt aon aird uirthi. Tá sí dearmadtha aige.*) Sea. Cuireadh deireadh leis an airgead a bhí ag teacht chuige ó Shasana. Níl a fhios sin aige go fóill. Ach bhí ormsa an áit a choinneáil ar siúl, ar shlí éigin. B'fhéidir nach bhfuil sé ródheas a bheith ag glacadh airgid ó ghadaithe is ó mheirdreacha, ach má tá rud éigin salach ag baint leis anmeirdreach féin, nil a cuid airgid salach ——

CÁIT (*Í beagnach ag gol*) Ó, a chladhaire! Drochrath ortsa agus ar do chos lofa! Más meirdreach féin mé, tá mo chuid airgid glan, ach tá mé féin ——

PÁDRAIG (*Siúlann sé anall chuici*) Éist, a Chaitlín, ní raibh mé ag caint mar gheall ortsa! Is tusa mo—mo—mo— (*Ní thiocfaidh na focail uaidh.*) Is tusa—tá a fhios agat féin,—mé féin agus tú féin. (*Leagann sé a lámh ar a gualainn.*) Ní raibh tusa i gceist agam ar chor ar bith. Tá a fhios agat sin. Nach bhfuilimid—nach bhfuilimid pósta—beagnach.

CÁIT Tá, a Phádraig . . . táimid pósta—beagnach.

PÁDRAIG Ní raibh mé ag caint mar gheall ortsa, ach mar gheall ar Róisín, ar Cholette, agus mar gheall ar a gcuid fear, An Luchóg, Scailp, Scoláire agus Bó-Bó. Ní fhéadfadh aon duine a shéanadh nach gadaithe agus meirdreacha iad siúd.

CÁIT Ní fhéadfadh, mais'. An Colette sin go háirithe. Tar éis a ndearna sí ar an sean-státseirbhíseach sin, as Roinn an ——

PÁDRAIG Is cuma faoi sin.

CÁIT Á bhuel, anois a Phádraig, cé go raibh an seanleaid ar a ghlúna ar feadh uair a chloig le taobh na leapa agus gan rud ar bith á chaitheamh aige ach a léine bhán leapa, bhí a chuid paidreacha á rá aige. Is níl sé ámharach airgead a ghoid ó dhuine is é ar a ghlúine i láthair Dé, mar a déarfá . . . gan trácht ar a chuid éadaí, an fear bocht.

PÁDRAIG Ach faoi mar a bhí mé ag insint duit, níl eolas ar bith ag Monsúr mar gheall ar na rudaí sin. Ceapann Monsúr go bhfuil Cogadh na Saoirse ar siúl i gcónaí. Nuair a chloiseann seisean An Luchóg nó Scailp nó Scoláire ag caint mar gheall ar an 'Joy', agus iad tagtha amach tar éis mí nó dhó a dhéanamh mar gheall ar rud éigin a ghoid siad, ceapann Monsúr gur ar son chúis Phoblachta Éireann a bhí siad istigh ann.

CÁIT Ó, tá a fhios agam sin, a Phádraig. Nach cuimhin liom an lá a bhí Colette ag tathaint ar Róisín deabhadh a dhéanamh—bhí an bheirt acu ag dul síos go dtí an Balla Thuaidh . . . aimsir na mbád guail Polannach a bhí ann—agus dúirt Monsúr leo go raibh obair na mban ag teastáil, freisin, don chúis. Agus nuair a bhí an bheirt acu ag dul síos staighre ar obair na hoíche, thosaigh sé ag canadh 'Saighdiúirí Chumann na mBan' ina ndiaidh!

PÁDRAIG   Bhí sé níos measa fós nuair a tháinig Scailp amach as an 'Joy' an babhta deireanach. Chuaigh mé féin ag lorg cíos a sheomra uaidh, seachtain ina dhiaidh. Dúirt sé nach n-íocfadh sé cíos ar bith, go ndúirt Monsúr gur *felon* dár dtír é, agus go mbeadh fáilte roimhe i gcónaí fanacht anseo, gan cháin gan chíos, go deireadh a shaoil. (*Ardaíonn sé a mhaide láimhe go doicheallach.*) Is beag nár tháinig deireadh lena shaol go tobann an lá céanna, má bhí scian féin aige!

CÁIT   'Felon dár dtír!' Céad dosaen péire nylons a ghoid sé as Arnott's, gan trácht ar an míle 'Maidenform' bra; agus péire níor thug sé do chailín ar bith sa teach seo.

PÁDRAIG   Á, bhuel. Tabhair dom toitín.

CÁIT   Tabharfad. Tá cúpla ceann fágtha agam tar éis na hoíche. Toitíní Francacha nó Spáinneacha, nó rud éigin. Ní raibh a fhios agam cérbh as do na mairnéalaigh sin.

Tógann sí paicéad amach as a póca agus tugann toitín dó. Tógann sé é agus cuireann ina bhéal é.

PÁDRAIG   Déanfaidh sé cúis. (*Lasann sé an toitín.*) Sea, caithfidh go bhfuil sí imithe go Dún Dealgan chun na toitíní a fháil. (*Imíonn* CÁIT.) Sea, (*go ciúin, leis féin*) gheobhaimid leaba as seomra Bhó-Bó agus cuirfimid ansin í.

Tagann TREASA *isteach an doras. Tá néata, deas, beoga, ach í rud beag cúthail fós, mar nach bhfuil sí ach cúpla lá sa phost nua seo. Tugann sí an paicéad toitíní do Phádraig. Tairgeann seisean an paicéad oscailte di. Tógann sí toitín.*

TREASA   Dia duit, a dhuine uasail.

PÁDRAIG   Níl aon duine uasal san áit seo, ach Monsúr amháin. Pádraig atá ormsa. Cén t-ainm atá ort féin, a chailín?

TREASA	Treasa, a dhuine . . . a Phádraig, ba chóir dom a rá.
PÁDRAIG	Ba chóir, a Threasa.

Sos

TREASA	Ó, a Phádraig, rinne mé dearmad mar gheall air.
PÁDRAIG	Ní tusa an t-aon duine amháin a rinne é sin. Ach cén dearmad a rinne tú?
TREASA	Mar gheall ar an bhfear óg. Tá fear óg ar do lorg. Tá sé ag fanacht sa chistin agam.
PÁDRAIG	Cén saghas fir óig? An Garda Síochána é?
TREASA	Ó, ní hea. Is duine uasal é. Tá cuma mhúinteoir scoile air. Tá Fáinne á chaitheamh aige.
PÁDRAIG	(*Leis féin*) Ó, is oifigeach é, ceart go leor.
TREASA	Agus biorán *Pioneer*.
PÁDRAIG	(*Leis féin*) Ó, tá sé ina ardoifigeach. Éist, a chailín, an bhfuil mackintosh míleata á chaitheamh aige?
TREASA	Tá, a Phádraig.
PÁDRAIG	Agus *beret* dubh?
TREASA	Tá. Conas a bhí a fhios agat?
PÁDRAIG	Tá féith na fáidheoireachta ionam. Abair leis teacht anseo, le do thoil.
TREASA	Déanfaidh mé sin. (*Imíonn sí amach agus suas staighre.*)
PÁDRAIG	(*Leis féin*) '. . . Óró is é do bheatha abhaile, óró is é do bheatha abhaile, óró is é do bheatha abhaile . . .'

Isteach leis AN OIFIGEACH. *Cóta báistí agus bairéad dubh á chaitheamh aige. Cuma mhórchúiseach, mhíthuisceannach air, cé go gceapann sé féin go bhfuil tuiscint thar cionn aige. Tá Fáinne agus biorán Pioneer ina chóta aige.*

OIFIGEACH	(*Tugann sé páipéar do* PÁDRAIG) Léigh é sin!

Breathnaíonn PÁDRAIG *air, go mall, ó bhun go barr, agus ansin ina thimpeall. Is léir nach bhfuil* AN TOIFIGEACH *cleachtaithe air seo. Tagann cuma feirge ar a aghaidh ach is cuma le* PÁDRAIG; *ansin tagann cúthaileacht ar* AN OIFIGEACH. *Níl a fhios aige céard a dhéanfaidh sé.*

Bhuel, léigh é.

PÁDRAIG	(*Agus lán a dhóthain den* OIFIGEACH *feicthe aige*) Fan go gcuirfidh mé mo chuid spéaclaí orm. (*Tógann sé gloine mhór adharcach as a phóca. Glacann sé an páipéar ina lámh eile. Léann sé.*) Im . . . im . . . sea . . . im. Feicim . . . Ea . . . im . . . (*Breathnaíonn sé aníos ón bpáipéar ar* AN OIFIGEACH.) Cathain a bheidh an príosúnach sin ag teacht?
OIFIGEACH	Níl a fhios agam. Níl sé gafa againn go fóill.
PÁDRAIG	(*An páipéar ina lámh aige*) An amhlaidh go bhfuil sibh chun dul go Woolworth's agus ceann acu a cheannach? Deir mo dhuine anseo (*ag díriú a mhéire ar an bpáipéar*) go mbeidh sé ag teacht inniu, agus go bhfuilim le seomra a dhéanamh réidh dó.
OIFIGEACH	Níor cheart dom rud ar bith a insint duitse mar gheall air.
PÁDRAIG	Tá a fhios agam sin.
OIFIGEACH	Níor dúradh liomsa ach teacht anseo chun socrú a dhéanamh leatsa mar gheall ar áit a dhéanamh réidh don—don duine seo. Agus chun na fírinne a rá, dá mba é mo rogha féin é, ní bhacfaimis leis an áit seo beag ná mór.
PÁDRAIG	Cad chuige? Nach bhfuil sé compordach go leor do do phríosúnach?
OIFIGEACH	Ní hé sin é, ar chor ar bith, ach ní dóigh liom go bhfuil sé maith go leor d'Óglaigh na hÉireann.
PÁDRAIG	Nach bhfuil, mais'?
OIFIGEACH	Deir an Piarsach: 'Chun freastal ar chúis álainn, ní foláir do na fir a bheith álainn agus naofa'.
PÁDRAIG	(*Ag breathnú air*) '. . . fir áille, naofa . . .' Tá cuma naofa ort gan dabht ar domhan, ach mar gheall ar na 'fir áille', ní . . .
OIFIGEACH	Éist! (*Tá fearg air, ní nach ionadh.*)
PÁDRAIG	(*Seasann sé 'ar aire', chomh maith agus is féidir leis, agus é ar leathchos*) Anseo!
OIFIGEACH	Cuireadh mise anseo chun gnó áirithe a dhéanamh. Ní hé mo rogha féin é. A leithéid d'áit . . . An Poll! Bheadh an ghluaiseacht náirithe os comhair an domhain dá ngabhfaí anseo muid!
PÁDRAIG	Dá ngabhfaí anseo muid ní hé an domhan a bheadh ag déanamh buartha dom, ach an Chúirt Speisialta. Ach, is dócha gur cuma leatsa. Laoch tú, is dócha. Agus ní raibh tú sa 'Joy' ná sa Teach Gloine ná in

Arbour Hill ná i bPort Laoise ná ar an gCurrach, i do phríosúnach, riamh.

OIFIGEACH Níl aon fhaitíos ormsa roimh na Státairí!

PÁDRAIG Ó, ní hiad na *Staters* is measa ar chor ar bith, ach na Poblachtánaigh. An dá shaghas acu. Ceapann tú go bhfuil do thaobh féin níos measa go dtí go n-athraíonn tú don taobh eile. (*Buaileann smaoineamh é.*) Agus, munar miste leat a insint dom, cé acu 'Óglaigh na hÉireann' a mbaineann tú féin leo?

OIFIGEACH Níl ach an t-aon ——

PÁDRAIG Óglach amháin ann! Tú féin? Maise, tá an lá caillte arís orainn.

OIFIGEACH (*Ar buile*) Níl ach an t-aon ghluaiseacht amháin ann—an ghluaiseacht oifigiúil—agus ní raibh riamh ach sin ann. Agus níor cheap mé riamh go mbeimis ag baint feidhme as an teach seo, an áit ar a dtugtar 'An Poll'.

PÁDRAIG Tá a fhios agat go maith é. ~~S V. d P.~~

OIFIGEACH Tá. Tá an-eolas agam air. Déanaim obair Chumann Naomh Uinsean de Pól san aird seo den chathair.

PÁDRAIG Sa seanaimsir, cheapamar nach raibh éinne sa dream sin ach seanphóilíní agus lucht an Chaisleáin. Bhí mise i ngluaiseacht na Poblachta an uair sin.

OIFIGEACH Agus nuair a bhí tusa sa ghluaiseacht, bhí Cumannaigh ann.

PÁDRAIG Bhí roinnt, mais'.

OIFIGEACH B'fhéidir go bhfuil fós. Ach is é an tÓglach is dílse don Chreideamh an tÓglach is fearr don chúis. Tá a fhios agam go raibh an seanfhear ar leis an teach seo amuigh san Éirí Amach, agus chuala mé gur ghlac tú féin páirt ann ——

PÁDRAIG Go raibh maith agat.

OIFIGEACH Ach níl a fhios agam cén fáth a bhfuil sibh ag baint feidhme as an áit seo, agus an droch-cháil atá amuigh air ar fud na cathrach.

PÁDRAIG Bhuel, neosfaidh mise duit cén fáth. <u>Tá an áit seo chomh te sin go bhfuil sé fuar! Ní cheapfadh lucht an Chaisleáin go mbeadh aon duine chomh hamaideach sin go gcoinneodh sé aon ní ná aon duine faoi cheilt sa Pholl. Sin an fáth a bhfuil do chuid ard-oifigeach ag baint feidhme as an bPoll.</u> Anois, an ndéanfaidh an seomra seo cúis duit?

OIFIGEACH Déanfaidh, is dócha.

PÁDRAIG	(*Síneann sé amach a lámh*) Bhuel, na gnáth-théarmaí. An cíos roimh ré, le do thoil.
OIFIGEACH	An ag lorg airgid atá tú?
PÁDRAIG	Céard eile? Nach raibh tú ag insint dom go raibh a fhios agat cén sórt daoine a bhíonn ag cur fúthu san áit seo! Ní dóigh leat go mbíonn an oiread sin dea-cháil orthu go dtabharfaimis cairde dóibh? Nó an measann tú gur ag obair do Chumann Naomh Uinsean de Pól atá gach uile dhuine san aird seo?
OIFIGEACH	Fág Naomh Uinsean de Pól amach as, munar miste leat.
PÁDRAIG	Dar fia, fágfad! Cúig phunt, le do thoil.
OIFIGEACH	Níl an oiread sin airgid agam faoi láthair.
PÁDRAIG	Bhuel, faigh é. Muna mbíonn sé agat nuair a thiocfaidh an príosúnach, caithfidh mé an bheirt agaibh amach ar an tsráid. Beidh sibh ag gabháil thart mar leanaí na coille.

Tagann CÁIT *agus* TREASA *isteach.*

CÁIT	Thángamar chun na braillíní a chur ar an leaba.
PÁDRAIG	Sea, tá brailíní glana tuillte ag duine ar bith. A fhad is atá duine éigin ag íoc astu.

Tá CÁIT *agus* TREASA *ag cóiriú na leapa.*

CÁIT	(*Le* TREASA) Cuirfimid an raidió ar siúl.
TREASA	Sea, a Cháit. Déan é sin. Tá sé in am don nuacht anois.
CÁIT	(*Le* PÁDRAIG) Táimid chun an raidió a chur ar siúl lena fháil amach an bhfuil aon rud nua ann.
OIFIGEACH	Tá sé daortha chun báis. Tá sé le crochadh maidin amárach i bPríosún Bhéal Feirste, ar a hocht a chlog. Crochfar é. Sin an méid atá ann.
CÁIT	Ach tá seans ann go ndéanfaidh siad trócaire air. Níl sé ach ocht mbliana déag d'aois.
OIFIGEACH	Crochadh Caoimhín de Barra ag an aois chéanna.
CÁIT	Bhuel, b'fhéidir go ndéanfaidh an tUasal de Valera rud éigin ar a shon.
OIFIGEACH ⎱ PÁDRAIG ⎰	É? (*Ag breathnú ar a chéile. An chéad uair gur aontaigh siad faoi rud ar bith.*)
TREASA	Bhuel, chuala mise i gcónaí gur iontach an fear é de Valera. Deirtear go bhfuil seacht gcinn de theangacha ar a thoil aige.

PÁDRAIG   Is mór an trua nach mbímid in ann é a thuiscint anois is arís.

Cuireann CÁIT *an raidió ar siúl.*

AN RAIDIÓ   . . . fear óg, ocht mbliana déag d'aois . . .
CÁIT   Anois.
TREASA   Sin é.
AN RAIDIÓ   Ar thaobh Rialtas na Sé Chontae . . .

Iompaíonn CÁIT *agus* TREASA *i dtreo an raidió.*

AN RAIDIÓ   . . . nach bhféadfadh Rialtas na Sé Chontae comhairle a thabhairt d'Fhear Ionaid na Banríona an breithiúnas a chur ar ceal, agus go gcuirfear an fear óg chun báis maidin amárach ar a hocht a chlog, mar a bhí socraithe . . .
CÁIT   Go bhfóire Dia orainn.
TREASA   An buachaill bocht.
AN RAIDIÓ   . . . ón mBeairic mhíleata in Ard Mhacha. Gabhadh an saighdiúir seo agus é ag teacht ó rinnce sa bhaile mór. Deir daoine a chonaic an ghabháil nach bhféadfaidís rud ar bith a dhéanamh. Léim triúr fear amach as gluaisteán, d'ionsaigh siad an saighdiúir agus d'imigh an gluaisteán go mear i dtreo na Teorann . . .
PÁDRAIG   Meán oíche . . . is dócha go bhfuil sé i mBaile Átha Cliath anois.
OIFIGEACH   Is dócha go bhfuil. Beidh mé ar ais, sula bhfad.
PÁDRAIG   Agus bíodh cúig phunt agat.

Ní deir AN TOIFIGEACH *dada agus imíonn sé leis.*

TREASA   Nach mór an trua an buachaill bocht sin, thuas i mBéal Feirste.
CÁIT   Maise, chuirfeadh sé brón ar do chroí a bheith ag smaoineamh air.
TREASA   Is ar a mhuintir bhocht.
CÁIT   Sea. Nach mór an díol trua í a mháthair, anois. Á, bhuel, ní dhearna mo mháthair bhocht féin aon bhuairt riamh mar ní raibh aithne agam riamh uirthi.
TREASA   Ní raibh aithne agamsa ar mo mháthairse ach an oiread. Chuala mé go raibh sí dathúil.

43

PÁDRAIG	(*Ag beannú di lena mhaide láimhe*) Is dócha é, a chailín.
CÁIT	Ní rabhamar ag caint leatsa ar chor ar bith. (*Le* TREASA) Nach aisteach é sin anois, nach raibh máthair ag ceachtar againn.
PÁDRAIG	Bhuel, tá a fhios agam gur corrdhuine sa teach seo a mbíonn athair aige, ach níl aon duine beo nach mbíonn máthair de shaghas éigin aige.
CÁIT	(*Go mífhoighneach*) Uch!
TREASA	Nuair a tháinig mise amach as an gclochar, cuireadh go . . .
CÁIT	(*Ag sméideadh a cinn i dtreo* PÁDRAIG) Cas suas an raidió go gcloisfimid píosa beag ceoil.
PÁDRAIG	Bhí tú i gclochar, a Threasa?
TREASA	Bhí, a dhuine . . . a Phádraig.
PÁDRAIG	Agus an . . .
CÁIT	Éist, nach cuma duitse.
PÁDRAIG	(*Ag ardú a mhaide, ag ordú tosta*) Agus an é seo an chéad phost a bhí agat ó tháinig tú amach?
TREASA	Ní hé. Cuireadh chuig teaghlach i nDroim Conrach mé. Ach . . .
PÁDRAIG	Ghoid tú rud éigin.
TREASA	(*Fearg uirthi*) Níor ghoid! Níor ghoid mé rud ar bith riamh!
PÁDRAIG	Maise, ní gá duit dul le buile. Níor ghoid mise faic ach an oiread agus na seansanna a bhí agam aimsir Chogadh na Saoirse! Ach bhí mé óg is amaideach an t-am sin. Anois, is mé críonna, tá aiféala orm. Bhuel, céard a rinne tú?
TREASA	Ní dhearna mé dada, ach bhí . . .
PÁDRAIG	Sea, a Threasa?
TREASA	(*Go híseal*) Bhí fear óg an tí ina ábhar sagairt.
PÁDRAIG	Ó bhuel, beidh tú sábháilte anseo.
CÁIT	Ní bheadh sé ceart cailín óg a bheith le hábhar sagairt.
PÁDRAIG	(*Le* TREASA) Bhuel, ar inis tú d'aon duine go bhfuil tú tar éis an post sin a fhágáil agus go bhfuil tú anseo anois?
TREASA	Cé dó a d'inseoinnse rud ar bith? Nach bhfuil mé tar éis a rá libh nach bhfuil athair ná máthair agam, ná aon duine muinteartha beo agam? (*Tá sí ag gol*) Agus dá n-inseoinn do na mná rialta go raibh mé

	tar éis an teach eile a fhágáil, b'fhéidir nach mbeidís róshásta liom.
PÁDRAIG	Bí cinnte nach mbeidís, a chailín.
TREASA	(*Breathnaíonn sí ar* CHÁIT) Tá mé sona san áit seo agus déanaim mo dhícheall.
CÁIT	(*Cuireann a lámh ar a gualainn*) Sea, sea, déanann tú, a rún.
PÁDRAIG	Bhuel, a Threasa, ná hinis rud ar bith a bheag ná a mhór faoin áit seo, do dhuine ar bith beo, agus fanfaidh tú san áit seo a fhad is a bheidh tú sásta fanacht ann.
TREASA	Go raibh maith agat, a Phádraig.
PÁDRAIG	Fáilte romhat, a chailín. (*Ardaíonn sé an maide; ag caint go sciobtha*) Anois, ní bheathaíonn na briathra na bráithre—ná na haithreacha ná na máithreacha. Cad mar gheall ar phíosa beag oibre? (*Cloistear ceol píob; Ó Domhnaill Abú á sheinm.*) Ó . . . (*ligeann* PÁDRAIG *osna uaidh.*) Seo chugainn é. An Gobán Saor.

Stop leis an gceol. Tagann MONSÚR *isteach, a chuid píob faoina ascaill aige. Téann* CÁIT *chuige.*

CÁIT	Nach uafásach an rud é, Monsúr, tá siad tar éis trócaire a dhiúltú don bhuachaill bocht sin i mBéal Feirste. Crochfar maidin amárach é, ar a hocht a chlog.
TREASA	Nach gcuirfeadh sé brón ar do chroí a bheith ag smaoineamh air?
MONSÚR	Ní chuirfeadh sé brón ormsa. Ní chuirfeadh sé brón ar bith orm, ach bród agus gliondar ar mo chroí go bhfuil an tseanchúis beo go fóill, agus go bhfuil fir óga bhreátha toilteannach agus réidh a dhul amach agus an fód a sheasamh os comhair na nGall*i*
CÁIT	Á, fiú amháin sin, tá sé uafásach.
PÁDRAIG	D'fhéadfadh sé a bheith níos measa.
CÁIT	Conas d'fhéadfadh sé a bheith níos measa?
PÁDRAIG	Mise a bheith ina ionad.
MONSÚR	Céard sin? Gabhaim pardún agat?
PÁDRAIG	Deirim go mbeidh an fear óg seo in éineacht le Pádraig Mac Piarais agus na laochra eile cúpla nóiméad tar éis a hocht maidin amárach.

45

MONSÚR   Beidh sé. Beidh sé sin, le cúnamh Dé. I gcuideachta na laochra. Cuireann sé gliondar ar mo chroí.

Séideann sé isteach sa bhéalóg agus baineann sé nóta ceoil as. Ansin, tosaíonn sé ag gabháil fhoinn:

'A Phádraig, a chara, an gcluin tú na gártha,
ar chualais an torann, an siosma is an gleo?
Ar chualais mar a tháinig go hUlaidh an garda
go láidir ina dtáinte, go tréan ar an ród?
Na Fianna, ógthacaithe dil Phoblachta Éireann,
is saighdiúirí na tíre, idir fhir is mhná,
is cailíní beaga ina gculaithe geala Gaelacha,
buíon cheoil ag seinm agus móriompar brat.'

PÁDRAIG   Nár laga Dia thú!
MONSÚR   Thabharfainn a bhfuil den saol agam, seasamh ar an gcroch sin amárach in ionad an fhir sin. Fear óg ámharach é.

PÁDRAIG   Sea. Is mór an trua nár cheannaigh sé ticéad Scuabgheall roimh ré!
MONSÚR   Sea? Gabhaim pardún agat?
PÁDRAIG   Bhí tú dáiríre riamh, a Cheannfoirt. Bhuel, tá gach rud réidh anois don aoi.
MONSÚR   Feicim sin, feicim sin. (*Téann sé chun na fuinneoige agus breathnaíonn sé amach.*) Go maith . . . go maith.
PÁDRAIG   Táimse chun an raidió a thabhairt anuas go dtí an chistin.

Téann MONSÚR *anonn go dtí an raidió agus cuireann ar siúl é ar lán airde. Tagann steall ceoil amach, chomh láidir sin go gcuireann* CÁIT *agus* TREASA *a lámha thar a gcluasa. Caochann* MONSÚR *a shúil ar* PHÁDRAIG *agus íslíonn sé an raidió.*

MONSÚR   Is maith an cófra é seo. Úsáideach.
PÁDRAIG   Táimid chin an cófra sin a bhogadh isteach i seomra eile.
MONSÚR   (*Téann sé go dtí an cófra agus osclaíonn é. Tá clár amháin ann. Tógann sé amach an clár, téann sé isteach sa cófra agus seasann sé istigh ann agus an clár ina lámh aige*) Ní gá duit an cófra seo a bhogadh. Is cófra maith é. Úsáideach. Tá sé in áit na garaíochta, mar a déarfá, d'aon duine a bheadh ag

46

| | fanacht sa seomra seo. (*Cuireann sé an clár ar ais sa chófra, siúlann sé go dtí an doras agus imíonn sé.*) |
| PÁDRAIG | (*Go ciúin*) Níl tú chomh hamaideach is a dhealraíonn tú a bheith! |

Téann sé go dtí an fhuinneog agus scrúdaíonn sé an tsráid. Tagann cuma smaointeach air, ansin imíonn sé.

TREASA	(*Le* CÁIT) Nach amaideach an chaint í sin a bhí ag Monsúr mar gheall ar an mbuachaill bocht óg sin thuas i bPríosún Bhéal Feirste?
CÁIT	(*Téann sí go dtí an fhuinneog agus breathaníonn amach*) Bhuel, ní fheiceann Monsúr an cás mar a bhfeicimidne é. Tá Monsúr an-tugtha d'Éirinn agus do rudaí den sórt sin.
TREASA	Tá Monsúr amaideach.
CÁIT	Monsúr amaideach? A chailín, níl a fhios agat céard atá á rá agat. Bhí Monsúr i gColáistí móra Shasana.
TREASA	Is cuma cá raibh sé. Tá sé as a mheabhair . . . a bheith ag rá go gcuirfeadh bás fir óig gliondar ar a chroí.
CÁIT	Bhuel, nach ndúirt an buachaill féin san óráid a thug sé os comhair na cúirte nuair a daoradh chun báis é, go raibh áthas air bás a fháil ar son na hÉireann? Meas tú go bhfuil seisean amaideach?
TREASA	Tá sé an-óg. Tá sé aineolach. Níl eolas aige ar an saol.
CÁIT	Agus tá agat féin . . . cailín óg ocht mbliana déag d'aois?
TREASA	Is dócha nach raibh an buachaill sin amuigh le cailín riamh . . . nach bhfuil a fhios aige go fóill an t-iontas atá san óige . . . agus an briseadh croí. Níor thug sé grá riamh ach d'Éirinn amháin agus in ionad a bheith ag briseadh a chroí mar gheall ar chailín, is mar gheall ar an tír atá sé á bhriseadh aige.
CÁIT	An leaid bocht. Bhuel, beidh a mhuineál bán óg á bhriseadh acu ar a hocht a chlog maidin amárach.
TREASA	Go bhfóire Dia orainn, ní fhéadfaimis a bheith ag smaoineamh air! Ardaigh an raidió . . . ó, *An Londubh!*
CÁIT	Sea, déanaimis sin. Ní cóir a bheith ag caoineadh an fhir óig bhoicht roimh am.

47

Cuireann siad an raidió in airde agus cloistear An Londubh *á sheinm. Breathnaíonn siad ar a chéile, agus tagann meangadh gáire ar bhéal* THREASA. *Gabhann sí amach ar an urlár agus tosaíonn sí ag rince. Síneann sí a lámh chuig* CÁIT, *ag tabhairt cuireadh di rince léi. Tagann* CÁIT *amach, go mall cúthail ar dtús ach faoi dheireadh tá an bheirt ag rince in éineacht lena chéile, go mear beomhar.*

AN RAIDIÓ An Londubh . . .

Osclaítear an doras ar dheis i ngan fhios don bheirt atá ag rince, agus feictear fear óg i gculaith khaki shaighdiúra Shasana, ina sheasamh sa doras ag breathnú orthu. Feiceann TREASA *ar dtús é, agus baineann sé geit aisti. Stopann sí. Leanann* CÁIT *uirthi agus í ag féachaint an doras amach, agus ansin stopann sí féin.*

SAIGHDIÚIR Ná stopaigí. Is maith liomsa rince.

Tá sé sona réidh, agus gáire ar a bhéal. Tagann sé isteach agus AN toIFIGEACH *agus fear eile ina dhiaidh. Tá a lámha deasa ina bpócaí acu.*

BRAT

48

Gníomh a Dó

Nuair a ardaítear an brat tá AN SAIGHDIÚIR *ag siúl suas síos. An tráthnóna atá ann. Tá an solas lasta.*

SAIGHDIÚIR   Hé! (*Leis an doras ar chlé, agus ansin iompaíonn sé i dtreo an dorais ar dheis.*) Hé!

> *Osclaítear an dá dhoras le chéile. Breathnaíonn* AN TOIFIGEACH *isteach an doras ar chlé agus* AN tÓGLACH *isteach an doras ar dheis. Tá gunnaí ag an mbeirt acu.*

OIFIGEACH   Sea?
SAIGHDIÚIR   An bhfuil toitín ag aon duine?
OIFIGEACH   Ní chaithimse.
ÓGLACH   Mise ach an oiread.
OIFIGEACH   Ach beidh sí féin ag teacht le do chuid tae sula bhfad agus rachaidh sí amach ag fáil toitíní duit.

> *Tá siad ag dúnadh an dá dhorais agus labhraíonn* AN SAIGHDIÚIR.

SAIGHDIÚIR   Ó, eir . . .

> *Osclaíonn* AN TOIFIGEACH *agus* AN tÓGLACH *an dá dhoras arís.*

OIFIGEACH   Sea? Aon rud eile?
SAIGHDIÚIR   Is cuma. Fanfaidh mé go dtiocfaidh an tae. Í féin a bheidh á thabhairt chugam?
OIFIGEACH   Cé? Cé hí féin?
SAIGHDIÚIR   An cailín óg.
OIFIGEACH   (*Ag breathnú ar* AN ÓGLACH) Is dócha é.
SAIGHDIÚIR   Thar cionn. (*Ag breathnú go gealgháireach ar* AN OIFIGEACH, *ach freagra ina ghnúis siúd ní bhfaigheann sé; breathnaíonn sé ar* AN ÓGLACH *ach freagra ní bhfaigheann sé ansin ach oiread. Ní dhéanann sé dada ansin ach osna a ligeann uaidh.*) Á, sin an mćid.

> *Dúntar na doirse arís. Osclaítear doras amháin acu ansin agus tagann* TREASA *isteach agus trádaire ar iompar aici.*

TREASA	Seo duit. Táim tar éis tae deas a réiteach duit.
SAIGHDIÚIR	(*Breathnaíonn sé an trádaire*) Maise, tá, go raibh maith agat. Cú! Bagún agus uibheacha!
TREASA	Teastaíonn sé uait. Caithfidh go bhfuil do bholg thiar ar do dhrom agat leis an ocras.

Gabhann sí thart ag caint go ciallmhar, fásta suas, mar a dhéanfadh cailín Éireannach, ach tá an leaid níos cúthaile.

SAIGHDIÚIR	Bhuel . . . tá sé go hiontach. (*Ag breathnú ar an mbéile.*)
TREASA	Dhera, níl ann ach blúirín beag bídeach chun bearna a líonadh.
SAIGHDIÚIR	Tú féin a réitigh é?
TREASA	Sea, ach Cáit a thug an dara hubh agus an dara slisín chugam. Is é an rud a déir sí go bhfuil tú óg, agus go gcaithfidh tú a bheith ag ithe an dá oiread agus an duine fásta.

Tá cuma an-chiallmhar uirthi féin, í ag caint leis mar a dhéanfadh máthair; ach níl an buachaill róshásta leis sin.

SAIGHDIÚIR	Ó, nílim chomh hóg sin.
TREASA	Bí ag ithe. (*Cuireann sí an trádaire ar an leaba agus cromann sé ar ithe.*) Cén aois atá agat?
SAIGHDIÚIR	Táimse níos sine ná tusa. Cathain a rugadh thú?
TREASA	Ó, na blianta ó shin . . . naoi déag daichead . . . aimsir an Chogaidh. Tá mé ocht mbliana déag d'aois.
SAIGHDIÚIR	Bhuel, táimse ocht mbliana déag d'aois freisin. Táimid ar chomhaois.
TREASA	Cén mhí ar rugadh tusa? Rugadh mise i mí Mheáin Fómhair.
SAIGHDIÚIR	(*Agus an bua ina ghlór*) Bhuel, rugadh mise mí Feabhra, agus tá mé níos sine ná tusa . . .
TREASA	(*Í dáiríre*) Níl tú chomh sean sin . . . ba mhaith an bheirt muid.
SAIGHDIÚIR	(*Sórt cúthail*) Sea.
TREASA	Cén t-ainm a bhéarfaidh mé ort?
SAIGHDIÚIR	Leslie.
TREASA	Bí ag ithe, a Leslie. An bhfuil gach rud agat?

Téann sí go dtí an doras agus fanann sí.

SAIGHDIÚIR Bhuel, dá bhféadfá . . .
TREASA Sea? Céard?
SAIGHDIÚIR Dá mbeadh toitín agam . . .
TREASA Maise, beidh, agus fiche cinn agat. Gabhfaidh mé
amach anois díreach agus gheobhaidh mé paicéad
Afton duit.
SAIGHDIÚIR Céard?
TREASA Toitíní Afton.
SAIGHDIÚIR Ó, tá a fhios agam. Bíonn siad sa chaintín againn in
Ard Mhacha. Go raibh maith agat . . . ach . . . ná
faigh paicéad fiche . . . dhéanfadh deich gcinn an
chúis.
TREASA Ní dhéanfadh, maise! Tá an oíche le caitheamh go
fóill agat . . . Agus b'fhéidir go mbainfinn féin triail
as toitín freisin, cé gurbh é an chéad uair agam é.
Ach bíonn an chéad turn le gach rud, nach mbíonn?
SAIGHDIÚIR (*Go mall*) Bíonn.

Sos.

TREASA Beidh mé ar ais nuair a bheidh do chuid ite agat.
SAIGHDIÚIR Go raibh maith agat.

*Imíonn sí. Craitheann sé a chloigeann ach é gan a
bheith míshásta leis féin ar chor ar bith, agus
cromann sé ar ithe arís. Éiríonn sé agus téann sé
go dtí an fhuinneog. Tagann sé ar ais agus breath-
naíonn sé thart. Ansin, téann sé agus cromann sé
síos agus féachann sé faoin leaba. Osclaítear an
doras agus breathnaíonn TREASA isteach arís go
tobann. Díríonn AN SAIGHDIÚIR é féin go tobann.*

TREASA Níl aon rud eile ag teastáil uait, sula n-imeoidh mé?
SAIGHDIÚIR Níl . . . eir . . . níl . . . bhuel, bhí mé ag . . .
TREASA Sea?
SAIGHDIÚIR Ó . . . eir . . . faic . . . eir . . . cipíní. Sea, (*go tobann*)
sin é é. Bosca cipíní.
TREASA Cén sórt amadáin a cheapann tú a bheith ionamsa,
toitíní a cheannach gan chipíní leo!
SAIGHDIÚIR Sea, sea. Go raibh maith agat.
TREASA Bhuel, bíodh foighne agat go dtiocfaidh mé ar ais.

51

SAIGHDIÚIR	(*Ag siúl suas síos*) Odddddd! (*Tá cuma mhífhoighneach air. Breathnaíonn sé sall ar an doras agus glaonn sé.*) Hé! Hé! (*Osclaítear an dá dhoras agus breathnaíonn an bheirt gharda isteach air.*)
ÓGLACH	Bhuel?
SAIGHDIÚIR	(*Téann sé chuige agus labhraíonn sé os íseal*) Teastaíonn . . . (*ag cogarnach*) . . .
ÓGLACH	Níl a fhios agam faoi sin díreach anois.
OIFIGEACH	Céard a theastaíonn uaidh? (*Craitheann* AN tÓGLACH *a lámh agus téann* AN tOIFIGEACH *isteach chuige. Tá* AN SAIGHDIÚIR *ina sheasamh eatarthu.*)
ÓGLACH	(*Ag cogarnach isteach i gcluas* AN OIFIGIGH) Is é an . . .
OIFIGEACH	Nach bhfuilimid féin sa chruachás céanna? Agus ní féidir linn bogadh ó thaobh amuigh den seomra seo go ceann uair a chloig eile fós.
ÓGLACH	B'fhéidir go ndéanfadh an seanleaid sin rud éigin.
OIFIGEACH	Pádraig an t-ainm atá air, nach ea?
ÓGLACH	Sea.
OIFIGEACH	Bhuel, glaoigh air. Cloisfidh sé níos fearr thú ó do thaobhsa. Bainfimid triail as, ach go háirithe.
ÓGLACH	Hé! A Phádraig! Phádraig! (*Ag éisteacht*) Tá sé ag teacht. Cloisim ar an staighre é. (*Tagann* PÁDRAIG)
PÁDRAIG	Sea? Céard a theastaíonn uaibh?
OIFIGEACH	(*Ag cogarnach*) Is é an . . .
PÁDRAIG	(*Ag gáire*) Ó, is mór an rud an gnó sin, go deimhin! Rún míleata, mar a déarfá! Tabhair dom do scit, más ea.
OIFIGEACH	Tabhair do ghunna dó.
PÁDRAIG	(*'Briseann' sé an gunna agus sméideann sé ar an* SAIGHDIÚIR) Lean leat. Tusa ar dtús. Taispeánfaidh mise an áit duit. Ná bíodh (*téann* AN SAIGHDIÚIR *amach*) an iomarca deabhaidh ort agus seachain na staighrí ag dul síos.

Ardaíonn sé an gunna agus leanann sé AN SAIGHDIÚIR *amach.*

ÓGLACH	Níor mhiste liom féin a bheith ina dhiaidh.
OIFIGEACH	Bíodh foighne agat! (*Féachann sé an doras amach.*) Ní hiad atá ag teacht ach . . .

Tagann TREASA *isteach agus tosaíonn sí ag caint is ag rith isteach sa seomra.*

TREASA Fuair mé . . . (*Breathnaíonn sí thart á lorg.*) Ó, cá bhfuil . . . (*Faitíos uirthi; féachann sí ar* AN OIFIGEACH *agus ar* AN ÓGLACH, *ó dhuine go duine acu.*) Cá bhfuil sé? Céard atá sibh tar éis a dhéanamh leis? Leslie! Cá bhfuil sé?

OIFIGEACH Beidh sé ar ais anseo i gceann nóiméid.

ÓGLACH Cén bhaint atá agatsa leis ar aon chuma?

TREASA Cá bhfuil sé? Cá bhfuil Leslie?

LESLIE (*Ag teacht isteach an doras*) Táim anseo, a Threasa.

PÁDRAIG (*Ina dhiaidh agus an gunna á chur ina phóca aige sula n-imíonn sé*) Sea.

TREASA Cá raibh tú?

LESLIE (*Sórt cúthaileachta air*) Bhuel, bhí mé ag . . .

PÁDRAIG Bhí sé ag déanamh rud éigin dó féin nach bhféadfadh tusa ná aon duine eile a dhéanamh dó.

TREASA (*Gáireach anois*) Fuair mé na toitíní duit. Tá do chuid tae caite agat?

Siúlann sí go dtí an leaba chun an trádaire a fháil agus leanann LESLIE *í chun na toitíní atá á dtairiscint aici dó a fháil uaithi.*

LESLIE (*Ag an leaba*) Go raibh míle maith agat.

LESLIE *agus* TREASA *ag caint os íseal agus iad ag gáire. Lasann sé toitíní agus síneann sé toitín chuici, ach craitheann sí a cloigeann agus í ag gáire. Tá comhrá ar siúl idir* PÁDRAIG *agus* AN tOIFIGEACH *agus cloisimidne sin.*

OIFIGEACH Meas tú an bhfuil an cailín sin maith go leor?

PÁDRAIG Cén tslí 'maith go leor'? An bhfuil suim agat féin inti chomh maith?

OIFIGEACH (*Go mífhoighneach, doicheallach*) Níl suim agamsa ina leithéid, ar chor ar bith. Ach an bhfuil sí maith go leor, maidir le gnó na gluaiseachta? An dtabhar . . .

PÁDRAIG (*Dáiríre*) An dtabharfadh sí cead a chinn don duine sin?

OIFIGEACH (*Claonann sé a cheann*) Sea.

PÁDRAIG Ní dhéanfadh sí faic chun na póilíní a tharraingt ar an áit seo . . . ar mhaithe léi féin . . . Táim cinnte faoi sin. Agus cad chuige a dtabharfadh sí cead a chinn dó éalú uaithi féin? Ní dúirt aon duine go raibh sé i mbaol ar bith—fós. Agus dá mba rud é go ndéarfadh—ní bheadh sé ag fanacht san áit seo. Bheadh sé imithe, nach mbeadh, i ngan fhios di féin nó do dhuine ar bith beo. Nach mbeadh?

OIFIGEACH }
ÓGLACH   } Bheadh.

PÁDRAIG Bhuel, i láthair na huaire, nach maith an chuideachta a dhéanfaidh sí dó? Nach gcoinníonn sí sona é? Nach údar spéise ina shaol dó í? Nach ciúin, dea-bhéasach an príosúnach é? Níl sé ag béiceach ná ag lorg troda. Níl sé ag lorg a shaoirse fós. Féach anois orthu! Nach gcuirfeadh sé gliondar ar do chroí breathnú orthu?

ÓGLACH San am céanna, ní cóir a bheith ag magadh . . . Aimsir na nDúchrónach . . .

PÁDRAIG Éist! Bíonn an dá shórt gunnaire ann i gcónaí—i measc ár ndreama féin agus i measc na nDúchrónach. An fear dúthrachtach cráifeach agus an fear a bhfuil acmhainn ghrinn ann. Is measa de ghunnaire i gcónaí é fear an acmhainn ghrinn . . . is nimhní é, b'fhéidir.

OIFIGEACH (Gan suim) Meas tú?

PÁDRAIG Sea. Mar ní dual acmhainn ghrinn d'fhear an ghunna, agus an corrfhear a bhfuil acmhainn ghrinn aige agus go mbíonn sé ag plé le gunnaí ar son cúise ar bith . . . tá rud éigin cearr leis.

OIFIGEACH Cosúil leat féin.

PÁDRAIG Tá rud éigin cearr leis.

Tagann CÁIT *isteach go tobann.*

CÁIT An bhfuil siad imithe thart fós?

PÁDRAIG An bhfuil cé imithe thart fós?

CÁIT An mórshiúl ar son an bhuachalla bhoicht thuas i bPríosún Bhéal Feirste.

TREASA (*Ag fágáil* LESLIE *agus ag dul go dtí an fhuinneog*) Ó, rinneamar dearmad air! An leaid bocht!

CÁIT Sea, na Sasanaigh. Na Sasanaigh i gcónaí. Daoine bochta á gcrochadh is á lámhach acu i gcónaí. Agus i ngach áit—san Afraic, i Cyprus agus in Éirinn. Ach beidh lá fós ag an bPaorach, is beidh na Sasanaigh thíos—na murdaróirí lofa! (*Féachann sí ar* LESLIE.) I gcead duitse, a bhuachaill. Gabh mo leithscéal. Rinne mé dearmad.

LESLIE Ó, is cuma. Chualamar mar gheall ar an mbuachaill sin. Bhíomar ag léamh mar gheall air sna páipéir thuas sa bheairic in Ard Mhacha. Bhí trua ag na leaideanna uile dó, mar na leaideanna sa chomplacht s'againne, is buachaillí Seirbhíse Náisiúnta iad . . . ocht mbliana déag d'aois . . . cosúil leis féin.

Tagann sé go dtí an fhuinneog agus seasann sé in aice le TREASA. *Cloistear ceol na bpíob amuigh sa tsráid. Breathnaíonn gach uile dhuine acu amach an fhuinneog,* LESLIE *san áireamh. Féachann* AN TOIFIGEACH *agus* AN TÓGLACH *air cúpla uair agus féachann seisean orthusan. Ní deirtear dada ach is léir go bhfuil sé intuigthe eatarthu go bhfuil an bheirt gharda ag tabhairt aire do* LESLIE *i gcónaí, cé go bhfuil siad uile ag féachaint amach an fhuinneog le chéile.*

Tagann an ceol níos gaire dóibh agus éiríonn sé níos airde de réir a chéile. Ansin, nuair atá an ceol an-ard ar fad, tagann MONSÚR *isteach agus é ag seinm an cheoil chéanna ar a chuid píob. Iompaíonn gach uile duine ón bhfuinneog, ní nach ionadh; téann* MONSÚR *ag máirseáil timpeall an tseomra agus na píopa á seinm aige. Ansin, imíonn sé arís as an seomra, a chuid ceoil ag dul in ísle de réir a chéile, mar aon leis an gceol amuigh sa tsráid.*

PÁDRAIG Tá an fear thuas i mBéal Feirste ag déanamh an-bhuartha do Mhonsúr. Anois, tá an mórshiúl thart. (*Téann sé i dtreo an dorais agus ansin iompaíonn sé chuig* LESLIE.) Tabharfaidh Treasa cupán tae chugat, má theastaíonn sé uait. Nach ndéanfaidh tú sin, a Threasa?

TREASA Déanfad agus fáilte.

LESLIE Go raibh míle maith agaibh. Níor dhiúltaigh mé cupán tae riamh.

PÁDRAIG Anois, a chairde, tá an t-aonach thart. Gabhaimis síos. (*Téann sé go dtí an doras.*) Oíche mhaith duit, a mhic. Cén t-ainm atá ort? (*Ní thugann sé seans dó*

55

freagra a thabhairt ach iompaíonn sé chuig TREASA.)
Cén t-ainm a thugtar ar an bhfear óg seo agatsa, a
Threasa?

TREASA Ní agamsa atá sé ach agaibhse. Leslie a ainm.

PÁDRAIG Bhuel, a Leslie, aon rud a theastaíonn uait gheobh-
aidh Treasa duit é.

TREASA Gheobhaidh agus fáilte.

Exit TREASA.

PÁDRAIG Nár laga Dia thú, a dheirfiúirín! Agus, a Leslie,
nuair a theastaíonn uait dul síos go dtí an clós,
buail ar an doras agus glaofar ormsa.

LESLIE Ach go deireanach san oíche, b'fhéidir go mbeidh
tú i do chodladh?

PÁDRAIG Níor chodail mé aon néall ceart ó mhí na Bealtaine,
naoi déag is a fiche haon.

LESLIE Ó? Bhain timpiste duit an uair sin?

PÁDRAIG Bhain. Seisear acu. I gCaisleán Bhaile Átha Cliath.

LESLIE (*Ní thuigeann sé*) Ó, sea. (*Go báúil*)

PÁDRAIG Beidh Treasa ag teacht ar ais leis an gcupán tae sin
duit. Oíche mhaith duit anois, a mhic.

CÁIT Oíche mhaith duit, a Leslie.

LESLIE Oíche mhaith duit—oíche mhaith daoibh.

*Imíonn siad uile agus fágtar é ag siúl síos agus suas
an seomra. Tosaíonn na píopa ag seinm 'Bláthanna
na Foraoise', agus éiríonn an ceol truamhéalach,
brónach. Breathnaíonn* LESLIE *timpeall go fiosrach.
Osclaítear an doras agus tagann* TREASA *isteach le
dhá chupán tae.*

LESLIE Ó, tú féin atá ann. (*Dúntar an doras ina diaidh.*)

TREASA Ó, cad chuige nach ndúirt tú 'fáilte romhat, a
Threasa' nuair a tháinig mé isteach?

LESLIE (*Ag gáire*) Bhuel, fáilte romhat a Threasa!

TREASA Fáilte roimh an gcupán tae, is mian leat a rá.

LESLIE Bhuel, fáilte romhat féin agus roimh an gcupán tae.
(*Tógann sé an tae uaithi agus suíonn sé ar an leaba,
an tae ina lámh aige.*) Siúcra?

TREASA Cé mhéad?

LESLIE Cén sórt ceoil é sin atá ar siúl?

TREASA Tá Monsúr ag cleachtadh ar a chuid píob don mhaidin.

LESLIE Is é mo thuairim go bhfuil an seanfhear sin atá ag séideadh na bpíob as a mheabhair.

TREASA Ó, b'fhéidir go bhfuil sé beagáinín ait. Ach fear uasal is ea Monsúr. Bhí sé ar choláiste le do rí.

LESLIE (*Amhrasach*) Le mó rí? Cén rí atá agamsa?

TREASA B'fhéidir go bhfuil sé marbh anois; ach an rí a bhí agaibh cheana.

LESLIE Maise, bhí an rí ann agus chuala mé gurbh fhear maith é, ach ní fhaca mise riamh é. Is cuma rí nó banríon, baineann siadsan le daoine móra an tsaoil. Go n-éirí an t-ádh leo!, a deirimse. Ní chuireann siad isteach ormsa agus ní chuirimse isteach orthusan. Ach ba chuma liomsa an seanfhear sin a bheith ar choláiste leo. Ní raibh mise ar scoil leo, ná aon duine de mo chairde!

TREASA Bhuel, rinne Monsúr an-troid ar son na hÉireann.

LESLIE Cach chuige? An raibh daoine éigin ag déanamh rud éigin ar Éirinn?

TREASA Nach raibh na Sasanaigh á dhéanamh ar feadh na gcéadta bliain!

LESLIE B'fhéidir é . . . in aimsir Julius Caesar. Ach bhí gach uile dhuine ag déanamh rud éigin ar gach uile dhuine eile an t-am sin. Tá sé sin thart . . . leis na céadta bliain anuas.

TREASA Tá sé ar siúl fós anseo. Cad mar gheall ar an mbuachaill óg atá le crochadh i mBéal Feirste maidin amárach?

LESLIE Ní Sasanaigh a bheidh á chrochadh siúd ach Éireannaigh. Agus i ndeireadh na dála, cé go bhfuil trua agam don bhuachaill bocht, caithfidh tú a admháil go ndearna sé beirt phóilín a lámhach. Ní féidir cead a chinn a thabhairt do dhaoine a leithéid sin a dhéanamh, nó ní bheidh aon dlí ná ord ann. Dá mba Sasanach a rinne é sin, chrochfaí eisean chomh maith.

TREASA Is mar gheall ar na Sasanaigh a bheith in Éirinn a bhí sé ag troid.

LESLIE Nach bhfuil Éireannaigh i Sasana? Na mílte acu? Cé atá ag déanamh rud ar bith orthusan? Is maith leis na Sasanaigh na hÉireannaigh—i dtuaisceart Shasana, ach go háirithe. B'fhéidir nach maith leis

na *Cockneys* iad, ach ní maith leis na *Cockneys*
duine ar bith ach amháin iad féin.

TREASA Sea, cosúil leis na Bleá Cliathaigh anseo.

LESLIE Ach i Macclesfield, tá na daoine an-chairdiúil leis
na hÉireannaigh. Gach uile oíche Shathairn, chloisfeá na hamhráin Éireannacha sna tithe ósta.

TREASA As Macclesfield tú féin, a Leslie?

LESLIE Sea . . . bhuel . . . chun na fírinne a rá, a Threasa
. . . deirimse gur as Macclesfield mé nuair a chuirtear an cheist orm, ach . . . a Threasa . . .

TREASA Sea, a Leslie?

LESLIE Ní as áit ar bith mé.

TREASA Caithfidh gur tháinig tú ar an saol áit éigin.

LESLIE Ach níl a fhios agamsa cén áit. Is dílleachta mé. Ní
raibh aithne agam ar m'athair ná ar mo mháthari.

Sos.

TREASA A Leslie, ní raibh aithne agamsa ar m'athair ná ar
mo mháthair. (*Sos*) Rugadh mise i mBaile Longfoirt.
Tógadh mé i dTeach na nDílleachtaí i mBaile
Mhathúna. Tháinig mé amach as sin bliain ó shin
agus chuaigh mé ag obair.

LESLIE Nach aisteach sin anois. Tháinig *mise* as Teach na
mBuachaillí i Macclesfield, bliain ó shin agus
chuaidh mé isteach san arm. Bhí bliain le feitheamh
agam sula mbeadh mo Sheirbhís Náisiúnta ag tosú.
Ach dúradh liom go mbeadh sé chomh maith agam
ag an am sin dul isteach ar liostáil trí bliana, agus
bhí. Mar is gnáthshaighdiúir singil mé anois agus
ní coinscríofach mé agus tá níos mó airgid agam
agus ní bhíonn an sáirsint chomh dian orm agus a
bheadh sé ar choinscríofaigh, ós saighdiúir rialta mé.
An raibh saol maith agaibh i dTeach na nDílleachtaí?

TREASA Ó, ní raibh sé go holc. Ní fhéadfainn féin a rá nuair
a bhí mé ann mar ní raibh eolas agam ar áit ar bith
eile, ná ar bhaile ar bith eile. Théimis ar scoil gach
lá agus bhíodh sos again ar an meán lae agus
bhímis ag súgradh sa chlós. Clós mór cloiche. Dá
dtitfeá sa chlós céanna bhrisfeá do chos nó do
lámh . . .

LESLIE Bhí páirc mhór againn agus bhímis ag imirt peile

agus cricket sa Samhradh agus ar laethanta saoire . . .

TREASA   (*Ar lean*) Ligtí amach ansin muid. Is iomaí lá Samhraidh a chaith mé ansin ag súgradh ar an bhféar.

LESLIE   Is sa Gheimhreadh, bhíodh pictiúirí againn sa halla mór . . . agus teilifís freisin.

TREASA   Ní raibh pictiúirí againne agus ní dóigh liom gur chuala na mná rialta riamh mar gheall ar an teilifís. Ach amuigh sa pháirc, bhíodh sé go deas lá breá Samhraidh.

LESLIE   Sa Samhradh thógtaí muidne amach i mbus chun dul ag snámh cois fharraige.

TREASA   Tógadh muidne ag snámh cúpla uair, ach bhí na mná rialta an-chúramach linn. Dá bhfeicfí fear nó buachaill ag snámh níos gaire ná céad slat dúinne, ní thugtaí cead dúinn . . . (*Cúthail*)

LESLIE   Sea? Abair é. Nach daoine fásta muid anois?

TREASA   Ní thugtaí cead dúinn dul isteach sa sáile.

LESLIE   Agus dá bhfanfadh an fear ansin ar feadh an lae, céard a dhéanfadh sibh?

TREASA   Is dócha go rachaimis abhaile gan snámh ar bith a dhéanamh. Nuair a bhímis ag fáil folcadh, oíche Dé Sathairn, chuiridís léine bheag ar gach uile chailín, fiú amháin.

LESLIE   Bhuel, ní mar sin a bhí sé i dTeach na mBuachaillí i Macclesfield, ach ag screadach agus ag béiceach agus ag rith suas síos sna seomraí folctha . . . cithfholcthaí a bhí againn, ar ndóigh. Bhíodh an-spórt ann, oíche Dé Sathairn agus bhíodh ar na máistrí teacht anuas chugainn chun smacht a chur orainn.

TREASA   Ag tabhairt aire do na cailíní beaga is mó a bhínnse. Nuair a thagaidís chugainn i dtosach . . . na leanaí beaga agus iad ag gol leis an uaigneas an chéad lá nó dhó . . . bhínnse ag ligean orm gur mise a máthair. Á ligean orm, dom féin agus dóibh siúd chomh maith . . .

LESLIE   Is dócha gur mhaith an mháthair dóibh freisin thú, a Threasa.

TREASA   Ceapann tú sin, a Leslie?

LESLIE   Cinnte.

TREASA   Nuair a bhímis amuigh sa pháirc, mí na Bealtaine

. . . bhíodh lá mór againn in ómós don Mhaighdean
Mhuire.

LESLIE An Mhaighdean Mhuire?

TREASA Sea, an Mhaighdean Mhuire. Mo náire thú! Nach
bhfuil a fhios agat cé hí an Mhaighdean Mhuire?
Cheapfadh duine gur Protastúnach tú!

LESLIE Bhuel, is ea. Is Protastúnach mé . . . eaglais
Shasana . . . nach ea?

TREASA Ó, gabhaim pardún agat!

LESLIE Ó, is cuma faoi sin.

TREASA Rinne mé dearmad.

LESLIE Inis dom mar gheall ar na cailíní beaga agus tusa
ag ligean ort gur thusa a máthair.

TREASA Bhuel, bhí an cailín beag seo ag gol is ag caoineadh
agus ní fhéadfaimis í a mhealladh le rud ar bith—
le milseáin ná le babóga ná leis an mórshiúl féin,
fiú. Maidin na Féile, bhí sí ag gol is ag gol agus ní
fhéadfaimis í a chiúnú. An bhfuil a fhios agat céard
a rinneamar, a Leslie?

LESLIE Sea?

TREASA Chuamar amach sa pháirc agus ligeamar orainn di
gurbh í féin Banríon na Bealtaine. Rinneamar
coróin nóiníní di agus chuireamar slabhraí nóiníní
timpeall ar a muineál. Agus bhí sí chomh bródúil
sin, an leanbh bocht, go ndearna sí dearmad ar
gach uile rud eile ach gurb í féin Banríon na Beal-
taine! Thógamar ar ár nguaillne timpeall na páirce í,
agus ní raibh sí ag caoineadh a thuilleadh!

LESLIE An mbeidh toitín agat?

TREASA Beidh, a Leslie, le do thoil . . . nílim cleachtaithe ar
an nós fós. Níor chaith mé toitín riamh go dtí an
tráthnóna seo . . . Nach ait go bhfuil an bheirt
againn gan athair nó máthair?

LESLIE Níl ann ach gur péire bastard muid.

TREASA Ó, a Leslie . . . (*Tosaíonn sí ag gol.*) Tá tú uafásach
. . . tá tú drochmhúinte.

LESLIE Ó, a Threasa, (*tá brón air*) ná bí ag gol . . . tá brón
orm . . . níor mheasas . . . (*cuireann sé a lámh
timpeall uirthi*)

TREASA Lig dom! Táim ag dul suas . . . Is—is—fíor don
tSiúr Gemma Galgani . . . bíonn saighdiúirí i
gcónaí drochmhúinte agus dainséarach. Bhíodh sí i
gcónaí ag tabhairt comhairle dúinn gan a bheith ag

plé le saighdiúirí. Mise ag insint rudaí príobh-áideacha faoi mo shaol, agus tusa . . . do mo mhaslú . . . (*Tá sí ag gol.*)

LESLIE Ó, a Threasa, ná bí ag gol. Ní raibh mé ach ag magadh.

TREASA Ní raibh tú ach . . . ag tabhairt drochainmneacha ar dhaoine. (*Í ag gol arís.*)

LESLIE Seo, seo, a Threasa. (*Beagnach i ngan fhios dó féin tugann sé póg di.*)

TREASA Ó, a Leslie, cad chuige ——

LESLIE Seo, seo, a Threasa. (*Beagnach i ngan fhios dó féin anois.*)

TREASA Sin mar a dhéanann tú le gach uile chailín, is dócha. Anois, táimse ag imeacht.

LESLIE Bhuel, b'fhéidir gur chuir mé mo lámh timpeall ar chailín agus muid ag damhsa, ach is í sin an chéad phóg dáiríre a thug mé riamh. Níl gach uile shaigh-diúir chomh holc leis an saighdiúir a casadh ar do chara.

TREASA Cén cara?

LESLIE Jenny Galvan, nó pé ainm a bhí uirthi, a bhí ag tabhairt comhairle do leasa duit mar gheall ar shaighdiúirí.

TREASA (*In ainneoin di féin, pléascann sí amach ag gáire*) Ó, an tSiúr Gemma Galgani! Ó! (*Ag gáire*) Dá gclois-feadh sí sin. Bean rialta atá inti. Cén bhaint a bheadh ag a leithéid le saighdiúir nó le fear ar bith, óg nó aosta!

LESLIE Ní raibh a fhios agam gur bean rialta í. Tá an rud mí-cheart á rá agam i gcónaí.

TREASA (*Tagtha chuici féin arís*) Ó, is dócha gurb é sin an béal bán a bhíonn ar siúl agat le gach uile chailín!

LESLIE Dáiríre, a Threasa, níl cailín ar bith agam. Bhíodh pictiúirí dá mhuintir agus dá chailín thuas ar an gcófra ina aice lena leaba, ag gach aon fhear sa bheairic ach amháin agam féin. Ba mhinic a bhí mé chun pictiúr de chailín a ghoid agus é a chur in airde . . . chun ligean orm go raibh cailín agamsa chomh maith le duine ar bith eile. Agus bhí fonn orm pictiúr de sheanfhear agus de sheanbhean dheas a chur suas ann, ag ligean orm féin gurbh iad siúd m'athair agus mo mháthair. Ach i ndeireadh na dála, nach bhfuil sé scríofa síos i mo leabhar pá:

A mhuintir. Cuirtear scéala i gcás báis nó tinnis chuig: An tArdmháistir, Teach na mBuachaillí, Macclesfield, Lancs. Sin an t-aon duine muinteartha a bhí agamsa.

TREASA A Leslie?

LESLIE Sea, a Threasa?

TREASA An raibh tú dáiríre nuair a thug tú póg dom an uair sin?

LESLIE Bhí. Éist, a Threasa?

TREASA Sea?

LESLIE An dtabharfá féin grianghraf díot féin dom . . . má tá ceann le spáráil agat, mar a déarfá?

TREASA Tabharfad, a Leslie, agus fáilte. Tá ceann iontach agam díom féin. Bhuel, nílim ag rá go bhfuilim féin go hiontach ach . . .

LESLIE Ó tá, a Threasa. Tá.

TREASA Bhuel, bhí mé féin agus cúpla cailín eile thíos i Sráid Uí Chonaill agus chuamar isteach san áit sin mar sórt spraoi, an dtuigeann tú, agus . . . Ach gabhfaidh mé suas agus gheobhaidh mé an pictiúr. Ní bheidh mé i bhfad, a Leslie.

Téann sí go dtí an doras, buaileann sí air agus osclaítear é. Imíonn sí. Tá LESLIE *ina shuí ar an leaba i gcónaí. Airímid arís ceol na bpíob,* Bláthanna na Foraoise. *Tagann* TREASA *ar ais. Osclaítear an doras di.*

TREASA Anois, ní raibh mé i bhfad. Seo duit. Ní haon Jayne Mansfield mé!

LESLIE (*Ag tógáil pictiúir uaithi*) Tá tú níos deise ná Jayne Mansfield ná Marilyn Monroe ná aon duine acu . . .

TREASA Meas tú, a Leslie? I ndáiríre?

LESLIE Cinnte. Tá na daoine sin sean. Tá Jayne Mansfield fiche is a sé nó fiche is a seacht mbliana d'aois, agus Marilyn Monroe—bhí sise sean nuair a bhí mise ar scoil i Macclesfield, agus tá sé sin níos mó ná sé bliana ó shin. (*Ag breathnú ar an bpictiúr.*) Ó, tá sé seo go hiontach. Ach . . .

TREASA Sea?

LESLIE Caithfidh tú rud éigin a scríobh air . . .

TREASA Céard?

LESLIE   'Do Leslie, le grá, ó Threasa'. Tá peann tobair agamsa.

Tógann TREASA *an peann agus scríobhann sí. Síneann sí an pictiúr ar ais chuige.*

LESLIE   (*Tógann sé an pictiúr agus léann sé an scríbhinn*) Ó, rinne tú dearmad ar rud éigin.
TREASA   Céard?
LESLIE   Caithfidh tú 'x x x' a chur i ndiaidh d'ainme.

Tugann sé ar ais an pictiúr di. Scríobhann sí athuair.

LESLIE   Tabhair dom na póga anois. (*Déanann sé iarracht í a phógadh arís.*)
TREASA   Á, stop anois, a Leslie. (*Déanann sé iarracht eile póg a thabhairt di*) Féach, tá bronntanas beag agam duit.
LESLIE   Ó? An bhfuil?
TREASA   Is bonn é.
LESLIE   Bonn? Nílim san arm ach le dhá mhí dhéag, is tá bonn agam! Cén ribín a chaithfidh mé leis an mbonn seo? Dearg, bán is gorm?
TREASA   Níl a fhios agam faoi sin. Seo bonn na Maighdine Muire mar mháthair agat anois go deo. An gcaithfidh tú an bonn beag seo . . . timpeall ar do mhuineál?
LESLIE   Cuir timpeall mo mhuineáil é, a Threasa.

Cuireann sí an bonn ar chorda timpeall a mhuineáil. Tapaíonn seisean an deis le póg eile a fháil, ach scarann sí uaidh.

TREASA   Fan. Féachaimis an bhfuil rud ar bith ar an raidió.

Imíonn sí uaidh agus cuireann sí an raidió ar siúl.

AN RAIDIÓ   'Oh, there's only one way of singing the blues, da di ah da dee dee ah de dee' . . .
LESLIE   Tommy Steele atá ann. An bhfuil tú in ann Rock 'n Roll a dhéanamh?
TREASA   Bhuel, bainimis triail as.

63

Déanann siad rince ar feadh cúpla nóiméad.

AN RAIDIÓ   (*Stopann an ceol agus tosaíonn fear ag caint*) Seo daoibh anois, a dhaoine uaisle, cinnlínte na nuachta mar a bhí siad ag leathuair tar éis a haon déag: Tá Rialtas Thuaisceart Éireann tar éis a fhógairt nach bhfuil siad toilteanach a mholadh don Ghobharnóir Ginearálta an píonós báis a gearradh ar Mhícheál Caoimhín Ó Néill a bhogadh in aon tslí. Crochfar maidin amárach é mar a socraíodh cheana ——

TREASA   Go bhfóire Dia orainn!

LESLIE   An leaid bocht. (*Cuireann sé a lámh ar ghualainn Threasa*)

AN RAIDIÓ   . . . mar gheall ar an saighdiúir a gabhadh dhá mhíle taobh amuigh d'Ard Mhacha san oíche aréir. Private Leslie Alan Williams ——

LESLIE   Mise atá i gceist!

AN RAIDIÓ   . . . agus eisíodh ráiteas tráthnóna inniu á rá gur gníomh díoltais in éiric an phríosúnaigh i mBéal Feirste a bhí ann. Dúradh sa ráiteas sin dá gcrochfaí an príosúnach, Mícheál Caoimhin Ó Néill, go gcuirfeadh Arm Phoblachta Éireann an saighdiúir, Private Leslie Alan Williams, chun báis mar dhíoltas.

TREASA   Ní féidir! Ní féidir! (*Caitheann sí a dhá lámh timpeall ar* LESLIE. *Buailtear an doras isteach go tobann agus ritheann* PÁDRAIG *isteach, comh maith agus is féidir leis agus é ar leathchos. Ritheann sé go dtí an raidió. Féachann sé ar* LESLIE *agus ar* THREASA. *Tá a dhá lámh timpeall ar* LESLIE *aici i gcónaí.*)

LESLIE   (*Le* PÁDRAIG) Tá tú déanach. Chualamar é.

BRAT

64

GNÍOMH A TRÍ

Nuair a ardaítear an brat tá LESLIE *ina shuí ar an leaba agus é ag portaireacht dó féin.*

LESLIE   Um-um-um-um. (*Is é* God Save the Queen *an port ach stadann sé de sin agus ansin tosaíonn sé athuair ar phort eile.*) Um-um-de-umdum— um-de-umde. (Rule Britannia. *Athraíonn sé an port arís.* There'll always be an England.)

(*Osclaítear an doras agus tagann* PÁDRAIG *isteach.*)

PÁDRAIG   Bhuel, a Leslie?

LESLIE   An bhfuil tú chun mé a thabhairt amach anois?

PÁDRAIG   Níl, a mhic, níl. Níl aon duine chun tú a thabhairt amach áit ar bith.

LESLIE   Cad chuige nár inis sibh dom an fáth ar gabhadh mé.

PÁDRAIG   An fáth ar gabhadh thú? Tá cogadh ar siúl i dTuaisceart Éireann. Is saighdiúir tusa agus gabhadh thú. Sin an méid.

LESLIE   Is saighdiúir mé agus b'fhéidir gur príosúnach mé. Ach ní ceart príosúnach cogaidh a chur chun báis.

PÁDRAIG   Dhera, níl aon duine chun tusa a thur chun báis.

LESLIE   Cad mar gheall ar an bhfógra sin a bhí ar an raidió?

PÁDRAIG   Ní raibh sa bhfógra sin ach píosa bolscaireachta. Tá mé á rá leat. Coinneoidh siad tusa go dtí go mbeidh an rud eile thart agus go ceann cúpla seachtain ina dhiaidh sin. B'fhéidir go gcuideoidh sé chun an leaid i mBéal Feirste a shábháil má cheapann siad i Sasana go marófar tusa má chrochtar eisean. Ach dá mbeadh seisean marbh cheanna féin cén mhaith a dhéanfadh sé dó siúd ná dúinne dá marófaí tusa?

LESLIE   Bhuel, táim cinnte nach dteastaíonn ón leaid sin go marófaí mise. Ní dhearna mise dada air. Tá a fhios aige sin. Ach ní hamháin sin, ach sa bheairic in Ard Mhacha bhímis uile . . . mé féin agus na leaideanna uile eile . . . ag caint mar gheall air, agus bhí trua ag gach uile dhuine againn dó . . . é a bheith óg . . . ar chomhais linn féin . . .

PÁDRAIG   Tá a fhios agam. Tá a fhios agam.

LESLIE   Nuair a gabhadh mise níor dúradh dada, ach

amháin go raibh siad ag lorg eolais mar gheall ar na háiteanna sa bheairic ina mbíonn gunnaí agus lón cogaidh á gcoinneáil.

PÁDRAIG Sea.

LESLIE Dúirt mé nach raibh mé chun eolas ar bith a thabhairt ach amháin m'ainm, m'uimhir san Arm agus mo sheoladh baile.

PÁDRAIG Mar ba dhual do shaighdiúir dílis.

LESLIE Cé nach mbeinn in ann mo sheoladh baile a thabhairt dóibh, ós rud é nach bhfuil seoladh ar bith agam taobh amuigh de Bheairic Ard Mhacha. Ansin dúirt siad liom go raibh siad chun mé a thabhairt go Baile Átha Cliath go bhfeicfeadh lucht an Eolais Mhíleata mé.

PÁDRAIG Sea. Beidh siad ag teacht amárach chun ceisteanna a chur ort.

LESLIE Chun a fháil amach céard iad mo mhianta deireanacha, is dócha!

PÁDRAIG (Go mífhoighneach) Ní hea! Ní hea, ar chor ar bith! Táim ag rá leat nach raibh sa bhfógra sin ach píosa bolscaireachta.

LESLIE Bhuel, cad chuige a raibh siad ag insint bréaga dom, gur ag lorg eolais mar gheall ar lón cogaidh na beairice a bhí siad?

PÁDRAIG Sin an príomhfháth go bhfuil tú anseo. Ach mar a tharla, nuair a bhí tú gafa acu cheap daoine áirithe is dócha go mbeadh sé chomh maith feidhm a bhaint asat chun scanradh a chur ar Shasana, agus dúradh go marófaí tusa dá maródh siadsan an fear i mBéal Feirste. Ach ní raibh ansin riamh ach dallamullóg.

LESLIE Tá sibh craiceálta má cheapann sibh go bhfuil Private Leslie Alan Williams 53742981662 ag déanamh buartha don Rialtas thall i Sasana. Meas tú go bhfuil siadsan ina suí thart ina gcuid Clubanna sa West End ag gol mar gheall ormsa? Meas tú go mbeidh an Stát-Rúnaí Cogaidh ag rá lena bhean anocht. "Ó, a Isabel Cynthia, a chroí, nílim in ann codladh ar bith a dhéanamh ach a bheith ag smaoineadh ar Williams bocht." Bhuel, chuala mé riamh go raibh na hÉireannaigh amaideach, ach ní raibh a fhios agam go dtí anois a amaidí is a bhí siad dáiríre!

PÁDRAIG	Bhuel, ní raibh ann ach seans. Agus taobh amuigh de rud ar bith eile, faigheann an scéal sin mar gheall ortsa fógraíocht ar Phreas an domhain.
LESLIE	Fear cáiliúil anois mé? Cosúil le Hillery nó Fuchs?
PÁDRAIG	Sea, díreach. Nuair a ligfidh siad saor thú, féadfaidh tú do scéal a dhíol leis na páipéir Dhomhnaigh. (*Déanann siad gáire beag.*) Seo paicéad toitíní duit. An bhfuil cipíní solais agat?
LESLIE	Tá. Thug Treasa bosca dom inniu.
PÁDRAIG	Bhuel, ní rachaidh bosca eile amú. Bíonn an oíche fada.
LESLIE	(*Tógann sé an bosca*) Go raibh maith agat.
PÁDRAIG	Agus b'fhéidir go mbeifeá cúthail a bheith ag iarraidh ar Threasa é seo a fháil duit. (*Feicimid anois go bhfuil buicéad á iompar aige ina lámh chlé.*) Níl sibh pósta fós. Fág sa chúinne é. (*Tógann* LESLIE *an buicéad agus cuireann sé sa chúinne é.*) Cuirfidh mé Treasa chugat anois le cupán tae.
LESLIE	Go raibh maith agat arís. (*Tá* PÁDRAIG *ag imeacht.*) Ach, éist. Má tá tú féin ag iarraidh dallamullóg a chur ormsa, má tá tú ag iarraidh mé a bhréagadh leis an gcaint sin, agus má tá siad chun mé a chur chun báis amárach, bíodh a fhios agat go bhfuil saighdiúir Sasanach in ann bás a fháil chomh maith le fear ar bith ar domhan—Éireannach nó aon fhear eile.
PÁDRAIG	Á, ná bac leis an gcaint sin.
LESLIE	B'fhéidir nach mbíonn an oiread sin de gheab againn mar gheall ar a bheith ag fáil bháis, ach táimid chomh cróga le haon dream eile.
PÁDRAIG	Níl aon bhaol ortsa bás a fháil go ceann trí scór bliain eile, bail ó Dhia ort. Anois, beidh Treasa ag teacht leis an tae, agus má theastaíonn rud beag eile le hithe uait sula dtógann tú an leaba ort féin, bhuel abair le Treasa é. Oíche mhaith duit anois, a Leslie.
LESLIE	Oíche mhaith duit.

Imíonn PÁDRAIG. *Suíonn* LESLIE *ar thaobh na leapa agus tosaíonn sé ag portaireacht arís.* Rule Britannia. *Dum-dee-dee-dum . . . Osclaítear an doras agus tagann* TREASA *isteach le dhá chupán tae agus pláta aráin agus ime. Dúntar an doras ina diaidh.*

TREASA	Tá tú ag canadh.
LESLIE	Nílim. Tá mé ag iarraidh cuimhneamh ar amhrán Sasanach éigin.
TREASA	Is dócha go bhfuil na mílte agat?
LESLIE	Bhuel, tá. Ach níl siad oiriúnach don ócáid ar a dteastaíonn siad uaim.
TREASA	Cén ócáid?
LESLIE	Go gcanfaidh mé amhrán Sasanach éigin roimh mo bhás.

Sos.

TREASA	Roimh do bhás? Is dócha go gcanfaidh tú na mílte amhrán roimh bhás a fháil duit, agus go ndéanfaidh tú na mílta rince chomh maith.
LESLIE	Nílim cinnte faoi sin.
TREASA	Dhera, suímis agus ólaimis ár mbraoinín tae.

Suíonn sí taobh leis ar an leaba.

LESLIE	Is iontach an cailín tú, a Threasa.
TREASA	Go raibh maith agat, a shaighdiúir. Caithfidh go bhfuil na mílte cailín níos iontaí ná mise thall i Sasana agat.
LESLIE	(*Go teasaí*) Cad cuige a deir tú sin? Níl aon duine ann. Níl aon duine ag scríobh chugam sa Bheairic fiú amháin.
TREASA	Scríobhfaidh mise chugat, a Leslie, más áil leat é.
LESLIE	Ba mhaith liom sin, a Threasa. Éist, tabharfaidh mé m'uimhir agus seoladh na Beairice duit. An scríobhfaidh tú chugam, dáiríre?
TREASA	Scríobhfaidh mé, agus b'fhéidir go bhfeicfimid a chéile uair éigin?
LESLIE	Ó, cinnte.
TREASA	Níl Ard Mhacha i bhfad ó Bhaile Átha Cliath, an bhfuil? B'fhéidir go dtiocfá anuas, uair éigin?
LESLIE	Ní thiocfaidh mé arís go Baile Átha Cliath, go raibh maith agat, a Threasa! Feicfidh mé thú áit éigin eile.
TREASA	Is breá an chathair í, maise, le pictiúirí agus rincí— hallaí breátha geala.
LESLIE	Is dócha é, ach ní fhaca mise aon phíosa de ach an áit seo. Bhí ciarsúr timpeall ar mo shúile agus muid ag teacht tríd. Ach d'fhéadfása teacht aníos go

hArd Mhacha agus thabharfaimis cuairt ar Bhéal Feirste.

TREASA Ó, bheadh sé sin go hálainn.

LESLIE Am a mbeadh deireadh seachtaine saor agam. D'fhéadfainnse an costas taistil a chur chugat.

TREASA (*Go hardnósach*) Ó, ní gá duit sin a dhéanamh. Beidh mo chuid airgid féin agam. Táim ag fáil dhá phunt deich sa tseachtain anois. Tá airgead sa bhanc agam.

LESLIE Sa bhanc?

TREASA Sea. In Oifig an Phoist thíos sa chathair. Beagnach cúig phunt. Beidh mé in ann mo chostas féin a íoc.

LESLIE Bhuel, ní bhfaigheadh saighdiúir ar bith aon lucht air sin.

TREASA Conas a bhainfidh mé Béal Feirste amach?

LESLIE Ó, gabhfaidh tú go hArd Mhacha ar dtús. Ionas go bhfeicfidh na leaideanna eile sa Bheairic thú. Tá cailíní acu sin nó bíonn siad ag caint mar gheall orthu, agus a gcuid pictiúirí ina n-aice acu. Ach níl aon duine acu a bhfuil cailín níos deise ná tú féin aige.

TREASA Go raibh maith agat, a Leslie.

LESLIE Agus fáilte! Go raibh maith agat féin.

TREASA Cad as?

LESLIE Bhuel, mar gheall ar an tae.

TREASA Ná habair é.

LESLIE A Threasa?

TREASA Sea, a Leslie?

LESLIE Meas tú i ndáiríre go bhfeicfimid a chéile arís?

TREASA Bhuel, tá mise dáiríre.

LESLIE Tá mise dáiríre chomh maith. Feicfidh mé thú más ann dom.

TREASA Más ann duit?

LESLIE Ma bhím beo.

TREASA Ó, cad chuige a bhfuil tú ag caint mar sin arís?

LESLIE Cad mar gheall ar an bhfógra a bhí ar an raidió?

TREASA Bhí mé ag caint le Pádraig mar gheall air sin. Níl siad ach ag baint feidhme as tusa a bheith gafa acu chun ceisteanna a chur ort chun eolas a fháil mar gheall ar na beairicí agus ar na gunnaí.

LESLIE Céard eile a d'inseoidís duit. Conas a bheadh a fhios acu nach rithfeá amach chuig na póilíní dá dtuigfeá an fhírinne?

69

Sos.

TREASA   Níor mhaith liom dul chuig na póilíní uair ar bith
. . . ach (*os íseal*) . . . dá gceapfainn go ndéanfaidís
rud ar bith ortsa . . . rachainn chucu.

LESLIE   (*Os íseal*) Ach, ní bhfaighfeá an seans.

TREASA   Cad chuige nach bhfaighinn? Nár imigh mé amach
anocht ar thóir toitíní? Ní fhéadfainn dul go
dtí an siopa toitíní mar tá sé dúnta óna hocht a
chlog, ach d'fhéadfainn dul go dtí an caifé ar
chúinne na sráide chun cúpla paicéad éisc agus
sceallóga a fháil. (*Éiríonn sí ón leaba agus siúlann sí
go dtí an doras.*) Bíonn sé sin ar oscailt go dtí leath
uair tar éis a dó dhéag, agus níl sé a haon déag a
chlog fós.

LESLIE   Níl, mar cloisim clog eaglaise éigin anseo agus níor
bhuail sé an haon déag fós.

TREASA   Taobh amuigh de rud ar bith eile, beidh na héisc
agus na sceallóga go deas. Déanfaidh mé cupán eile
tae agus tabharfaimid roinnt do Phádraig agus don
bheirt eile. Sea. (*Siúlann sí go dtí an doras.*) Ní
bheidh mé ach nóiméad, a Leslie.

LESLIE   Tá a fhios agam, a Threasa.

TREASA   (*Téann sí go dtí an doras agus buaileann sí air*) Tá
mé ag dul amach (*os ard*) chun iasc agus sceallóga
a cheannach.

PÁDRAIG (*A ghuth ón staighre*) Ná téigh. Nach bhfuil a fhios
agat go bhfuil an áit sin dúnta anois?

TREASA   Ó, níl, a Phádraig, bíonn sé ar oscailt go dtí leath-
huair tar éis a dó dhéag.

PÁDRAIG Té sé dúnta, a deirim leat. Tá sé tar éis a haon déag
anois. Fliuchfaidh Cáit an tae nuair a thagann sí
isteach agus beidh sin againn. Níor mhaith liom
cailín óg a bheith amuigh ar an tsráid ar a haon
déag san oíche.

Tagann TREASA *ar ais agus dúntar an doras ina
diaidh. Téann sí go dtí an leaba agus suíonn sí
taobh le* LESLIE. *Breathnaíonn sé uirthi.*

LESLIE   Chuala mé é. (*Bualann clog sa chathair.*) Sin a haon
déag anois. Breathnaigh an fhuinneog amach, a
Threasa. (*Téann siad, lámh ar lámh, go dtí an*

70

fhuinneog.) Breathnaigh. Fear anseo ag an gcúinne, fear eile thuas ansin leis an gcailín sin ag iarraidh a chur in iúl gur beirt leannán iad. Tá níos mó ná beirt ná triúr ag déanamh garda orm, a Threasa. Cime tábhachtach mé. Chomh tábhachtach leis an mbuachaill eile atá thuas i mBéal Feirste. B'fhéidir gur léigh seisean sna páipéir mar gheall ormsa anocht. Níl a fhios agam an bhfaigheadh sé páipéar. Ní raibh a fhios againn go rabhamar le chéile ann ar chor ar bith, tamall beag ó shin. Maidin amárach —níl a fhios agam faoi na rudaí sin—ach má tá aon rud sa chráifeacht, casfar ar a chéile sinn. (*Téann siad go dtí an leaba.*) Tá sagairt agus mná rialta agus na hoibreacha uile aige siúd. Caithfidh mise mo shocrú féin a dhéanamh. (*Canann sé.*) Níl a fhios agam an bhfuil na focail agam go fóill:

> Onward Christian soldiers
> Marching as to war
> With the Cross of Jesus
> Going on before;
> Christ, the Royal Master
> Leads against the foe,
> Forward into battle . . .

TREASA   (*Briseann sí amach ag gol*) Ó, a Leslie . . . a Leslie . . . (*cuireann sé a lámha móra timpeall uirthi aus8 déanann sé iarracht í a shuaimhniú, ag cogarnach léi*) Ó, a Leslie.

DORCHADAS. *Tár éis cúpla nóiméad osclaítear an doras agus breathnaíonn* AN tOIFIGEACH *isteach. Tá tóirse leictreach ina lámh aige agus díríonn sé an solas díreach isteach ina n-éadan.*

OIFIGEACH   (*Le* TREASA) An bhfuil tú chun fanacht anseo ar feadh na hoíche?

PÁDRAIG   (*A ghuth ón taobh amuigh*) Céard sin? (*Baintear geit as an mbeirt óg.*)

OIFIGEACH   Chuir mé ceist ar an gcailín sin an raibh sí chun fanacht ansin ar feadh na hoíche.

PÁDRAIG   (*Ag teacht isteach sa seomra*) Tabhair aire do do ghnó féin! Níl sí ag cur isteach ortsa.

71

ÓGLACH	(*Ag oscailt an dorais eile*) Níl sé ceart ná cóir!
PÁDRAIG	Drochaigne atá ag an mbeirt agaibhse. (*Isteach*) Tá sí ag fanacht ansin ag coinneáil cuideachta leis nó go mbeidh an suipéar ullamh ag Cáit. Ba mhaith leat féin blúire beag suipéir, nár mhaith?
OIFIGEACH	Ní ithimse agus mé ar diúité.
ÓGLACH	Mise ach oiread.
PÁDRAIG	Bhuel, cuirfidh mé buidéal pórtair aníos chugaibh.
OIFIGEACH	Ní ólaim, go raibh maith agat.
ÓGLACH	Mise ach oiread.
OIFIGEACH	Ach buidéal oráiste, b'fhéidir, agus mé ag cur allais ag céilí tar éis chaidhp an chúil aird i dTeach an Ard-Mhéara.
ÓGLACH	Sea, níl aon locht air sin.
PÁDRAIG	(*Ag breathnú orthu le drochmheas*) A Threasa!
TREASA	Sea, a Phádraig?
PÁDRAIG	Tá an suipéar réidh ag Cáit thíos. Tabhair aníos a shuipéar chuig Leslie. Tig leat do shuipéar féin a thabhairt aníos chomh maith, le comhluadar a choinneáil leis.
TREASA	Tá go maith. Beidh mé ar ais gan mhoill, a Leslie. (*Imíonn* TREASA.)

Imíonn PÁDRAIG *agus an bheirt oifigeach agus fágtar* LESLIE *ina aonar. Déanann sé comhartha na Croise ar dhoras an chófra, etc.*
Is féidir ad lib éigin a chur isteach anseo idir na hóglaigh chun iad a thabhairt amach. Tig le PÁDRAIG *'má tá rud ar bith eile uait, abair le Treasa é', a rá.*
Éiríonn LESLIE *ón leaba, tógann sé peannluaidhe amach as a phóca agus téann sé go dtí an cófra. Scríobhann sé ar dhoras an chófra. Breathnaíonn sé ansin ar a bhfuil scríofa aige agus scríobhann sé a thuilleadh. Breathnaíonn sé air sin agus ansin téann sé ar ais agus luíonn sé ar thaobh na leapa.*

LESLIE	(*Ag portaireacht dó féin*)
	Onward Christian soldiers
	Marching as to war
	With the Cross of Jesus . . .
	(*Go tobann cloistear torann gunnaí agus gluaisteáin ag teacht ón tsráid.*)

Téann LESLIE *go dtí an fhuinneog agus ritheann*
AN TÓGLACH *agus* AN TOIFIGEACH *agus* PÁDRAIG
isteach. Beireann siad greim air.

LESLIE   Hé!

handkerchief

Cuireann PÁDRAIG *ciarsúr thar a bhéal, cuireann
sé téad ar a chosa agus timpeall ar a lámha, agus
osclaíonn sé an cófra. Cuireann siad* LESLIE *isteach
ansin. Tagann* PÁDRAIG *ar ais ar a mhaide láimhe.
Téann sé go dtí an raidió agus cuireann sé ar siúl é.
Tagann ceol rince uaidh. Ritheann* AN TOIFIGEACH
agus AN TÓGLACH *amach.
Scaoiltear urchair agus cloistear béiceach.
Osclaítear an doras. Ritheann bleachtairí isteach
agus iad ag tabhairt amach do* PHÁDRAIG. *Ceathrar
acu a thagann.
Fuaim ghunnaí agus ghluaisteán.*

NA GARDAÍ   Céard sin? Na Harriers?
GUTHANNA   Stad! Stad! Stad, nó scaoilfimid! (*Fuaim ghunnaí*)
GARDA   Cuir do lámha in airde.
PÁDRAIG   Céard atá oraibh? Nach deas an chaoi é seo agaibh
ag briseadh isteach i dteach dhaoine macánta!
GARDA   Cén fáth nár oscail tú an doras?

Ceol píbe le cloisteáil. MONSÚR *isteach.*

GARDA   An seanphíobaire, Brian Bóirmhe.
MONSÚR   Bhí tusa in Arm na Poblachta tráth, ach is Bray
Harrier anois tú, ag troid i gcoinne na Poblachta.
GARDA   (*Go misniúil*) Is Garda den Bhrainse Speisialta mé
agus is cuma liom má tá a fhios ag gach aon duine é.
(*Torann gunnaí thuas.*) Go tapa! Suas go barr an tí!
(*Imíonn na* GARDAÍ *de sciúird.*)
CÁIT   (*Isteach*) In ainm Dé, céard atá ar siúl? Céard atá
ar siúl?
TREASA   (*Isteach*) Cá bhfuil sé? Cá bhfuil Leslie? Céard a
rinne sibh leis?
PÁDRAIG   Cuir guaim ort féin!
MONSÚR   Tá sé slán sábháilte. (*Múchann sé an raidió.*)
CÁIT   ⎱
TREASA   ⎰ (*ad lib*) Cá bhfuil sé? (*etc.*)

73

MONSÚR   (*Go húdarásach*) Tá sé slán sábháilte, ar a shlí go dtí an Teorainn.

CÁIT }
TREASA } An Teorainn?

MONSÚR   Tugaim mo bhriathar duit nach ndéanfar dochar ar bith dó, má fhanann tú ciúin. Ach muna bhfanann, ag Dia amháin atá a fhios cad a tharlóidh dó siúd agus do gach uile dhuine eile anseo againn.

CÁIT   Éist, a Threasa, fág faoi Mhonsúr agus faoi Phádraig é. Ní bhrisfeadh Monsúr a bhriathar. Is duine uasal ceart é.

Ciréib lasmuigh.

MONSÚR   Éist, seo chugainn ar ais iad. (*Tosaíonn sé ar na píopa a sheinm. Feictear na bleachtairí ag imeacht. Torann, etc.*) Tá an ruaig thart. Tá siad ag imeacht.

Torann gluaisteán á dtosú agus ag imeacht.

PÁDRAIG   Brostaigh, nó beidh an leaid bocht tachtaithe orainn.

Ritheann sé go dtí an cófra agus osclaíonn sé é. Tógann PÁDRAIG *agus* MONSÚR, LESLIE *amach.*

OIFIGEACH   Go bhfóire Dia orainn.

PÁDRAIG   (*Leis an* ÓGLACH) Faigh cupán uisce. Brostaigh! *Faigheann* AN tÓGLACH *an t-uisce agus tugann sé do* PHÁDRAIG *é. Cuireann* PÁDRAIG *le béal* LESLIE *é. Croitheann* PÁDRAIG *a chloigeann agus labhraíonn sé os íseal.*) Níl aon mhaith ann. (*Baineann an bheirt eile a gcuid bairéad díobh féin.*) Tá sé caillte.

OIFIGEACH   An leaid bocht.

Gearrann AN tOIFIGEACH *agus* AN tÓGLACH *Comhartha na Croise orthu féin.*

TREASA   Leslie! Tá—tá sé—— (*Claonann* PÁDRAIG *a chloigeann go mall.*) Ó, a Leslie! (*Ritheann sí chuige agus téann sí ar a glúine lena thaobh. Tógann sí a chloigeann ina dhá lámh agus pógann sí a bhéal. Téann* AN tOIFIGEACH *go dtí an doras agus amach leis.*

	Tagann sé ar ais agus beirt eile leis, iad ag caitheamh cótaí báistí agus bairéid dhubha. Tugann sé comhartha dóibh, agus cromann duine acu anuas os cionn LESLIE.)
OIFIGEACH	Tóg a bhonn aitheantais. (*Baineann* A *an bonn aitheantais de mhuineál* LESLIE.)
A	Hé, tá bonn na Maighdine Muire á chaitheamh aige. Níor cheap mé gur Chaitliceach é.
TREASA	Mise a thug dó é. Fág leis é.
OIFIGEACH	Déanfaimid sin.
A	(*Tógann sé an grianghraf amach as póca* LESLIE. *Breathnaíonn sé air, agus ansin labhraíonn sé le* TREASA *go cúthail*) Ó, tú féin . . .
TREASA	Sea. Fág ar ais ar a chléibh é.
PÁDRAIG	A Threasa, ná bí ——
TREASA	Tá Leslie marbh. Marbh. Sibhse a mharaigh é.
PÁDRAIG	Níor theastaigh uainn, a Threasa.
TREASA	Tá Leslie marbh.
OIFIGEACH	A bhuel anois, i bPríosún Bhéal Feirste ——
PÁDRAIG	Sea, a Threasa, sna Sé Chontae ——
TREASA	Níorbh iad na Sé Chontae a bhí ag déanamh buartha duitse. Tá tusa ag iarraidh dhá rud a fháil ar ais nach féidir leat a fháil ar ais—d'óige agus do chos chaillte. (*Í ina suí go fóill ar an urlár*.) Ní raibh aon duine de do mhuintir féin le tú a chaoineadh, a stór. Beidh mise i mo mháithrín duit, i mo dheirfiúirín duit, i mo leannán duit, agus ní dhéanfaidh mé dearmad ort (*briseann an gol amach*) go deo. (*A guth briste le teann bróin*.) Ó, a Leslie.

BRAT ANUAS

Ceol píob agus drummaí.

CRÍOCH